国家自然科学基金项目
"中国经济落后地区农户金融合作行为研究"
（项目编号70673081）

陕西省重点学科"国民经济学"资助基金

制度变迁中的
农户金融合作行为研究

ZHIDU BIANQIAN ZHONG DE
NONGHU JINRONG HEZUO XINGWEI YANJIU

陈希敏◎著

人民出版社

策划编辑:吴焰东
责任编辑:吴焰东
特邀编辑:王晓梵
封面设计:肖　辉

图书在版编目(CIP)数据

制度变迁中的农户金融合作行为研究/陈希敏 著.
　-北京:人民出版社,2011.5
ISBN 978-7-01-009882-1

Ⅰ.①制…　Ⅱ.①陈…　Ⅲ.①农村-信用合作社-研究-中国
　Ⅳ.①F832.35

中国版本图书馆 CIP 数据核字(2011)第 079420 号

制度变迁中的农户金融合作行为研究

ZHIDU BIANQIAN ZHONG DE NONGHU JINRONG HEZUO XINGWEI YANJIU

陈希敏　著

人 民 出 版 社 出版发行
(100706　北京朝阳门内大街 166 号)

北京龙之冉印务有限公司印刷　新华书店经销

2011 年 5 月第 1 版　2011 年 5 月北京第 1 次印刷
开本:880 毫米×1230 毫米 1/32　印张:6.25
字数:180 千字　印数:0,001-3,000 册

ISBN 978-7-01-009882-1　定价:20.00 元

邮购地址 100706　北京朝阳门内大街 166 号
人民东方图书销售中心　电话 (010)65250042　65289539

目　　录

1. 导论

1.1 选题背景与研究意义

农业在中国的发展历史已经延续几千年了,农民一直在中国的人口比例中占大多数;几千年来社会的发展和变迁天翻地覆,然而农民的地位从来没有改变过,至少经济地位是如此。我们原以为,只要实现了工业化,有关农业、农村和农民的所谓"三农"问题就可以自然而然地得以解决。然而,在中国整体经济迈向市场化的过程中,"三农"问题远没有像我们原来想象的那样逐渐淡出。恰恰相反,随着经济改革与发展进程的推进,"三农"问题愈加凸显出其特殊的重要意义。对于一个经历过数千年农业文明演进的国度而言,如果没有农业的现代化就不会有真正意义上的现代化;没有农民的富裕也就没有真正的富裕国家。

中国的农村问题由于其牵涉范围广袤和延绵时间久远,因此,欲把握其精要,探究其奥秘,就需要从众多的视角去搜寻和探索。凡是涉及中国农村的问题大都是"百科全书式"的,每一个十分细小和"微观"的枝节小题都有可能牵引出硕大而"宏观"的问题来;[①]有时一个非常短期的问题,要把它搞清楚,也得去追溯其长期的根源。正因如此,在分析中国的农村问题时,选择和把握恰当的视角就显得十分重要。一个好的分析视角会使我们从纷繁复杂的农村问题中迅速地理出线索,从而节约我们的研究成本。[②]

[①] 张杰:《农户、国家与中国农贷制度:一个长期视角》,载《货币金融评论》2004年第6期。

[②] 张杰:《农户、国家与中国农贷制度:一个长期视角》,载《货币金融评论》2004年第6期。

既然破解农村问题是一项"宏伟"的系统工程,那么本书只选择这个浩瀚工程中微小的一隅——从中国农村合作金融制度变迁的视角,探索农户金融合作的意愿和偏好等经济行为。

之所以选择这样的研究视角,那是因为"经济学是一门把人类行为当做一种所要达到的目的与稀缺之间的关系作为研究对象的科学……它把人类行为当做一种关系进行研究";"经济学家应做的一件主要工作就是:研究经济制度。我们每个人都生活在一种经济制度当中。人类自身的福利依赖于整个社会所能提供的产品与劳务,而后者又取决于经济制度的运作效率"。①

2

1.1.1 现实背景

我国从1978年开始市场化改革以来,整个社会的经济、法律、文化、行政乃至政治体制都发生了剧烈转变,我国已初步建立市场经济体制。但就整个社会的体制转轨和制度变迁而言,目前我国仍然处于体制转轨和制度变迁过程中,新的社会、经济体制尚未从根本上建立,特别是现代化农业还远没有真正形成。为此,从制度变迁的视角研究农户金融合作行为和中国农村合作金融问题,对于推进我国农村经济发展,促进现代农业的形成就显得十分重要了。

我国的经济改革发端于农村,伴随着改革的深入,我国农村金融体制也开始了其改革的进程,然而,农村金融制度的变迁并没有像其他领域的改革那样顺利地向纵深发展,而是一波三折,反反复复,结果出现了一个和我们预期相悖的现象:农村经济改革导致大量的农村剩余人口涌入城市,成为建设城市的主力军,当这支建设大军将从城市取得的收入以货币形式汇回农村后,这些货币性收入却通过农村的金融机构体系又流进了城市;不仅如此,农村中包括农业性收入在内的其他货币性收入也以储蓄形式通过各种渠道流入城市。结果

---

① [美]罗纳德·H.科斯:《新制度经济学》,载[美]科斯、诺斯、威廉姆森等著,[法]克劳德·梅纳尔编,刘刚、冯建、杨其静、胡琴等译:《制度、契约与组织》,经济科学出版社2003年版,第11~12页。

我们发现:在城市务工的农民工其实是在用自己的资金"雇佣"自己。由于农村资金大量流入城市,导致农村金融性"失血",农村改革带来的积极成果正在渐渐丧失。近年来,尽管从中央到地方,各级政府采取多种措施试图遏制这种"资金回流"的势头,但"资金回流"现象始终未能得到明显改善。这究竟是为什么? 为什么农村金融改革在过去的三十几年间多次反复,至今仍处于探索阶段。显然,这是一个值得深入探究的问题。

要解决制约农村经济发展的资金供求严重失衡问题,就必须从农村实际和农民需要出发,本着有利于增加对农户和弱小农村企业的资金供给、有利于改善农村金融服务体系的原则,以培育农村金融市场,形成合理的农村金融服务体系为目标,推行农村金融体制的改革。其中,能否构建一个高效的农村合作金融体系是推进农村金融体系改革的重要内容之一。

3

目前我国农村的金融需求主体仍然是广大农户,他们的融资需求具有小额、分散、高风险等特点。考虑到成本与收益,正规的商业银行往往无法顾及或不愿意顾及农村分散的农户,将其排斥在信贷市场之外。而事实上,与此相对应的是,随着农村经济的发展,农户资金需求日益旺盛、正规金融制度供给严重滞后,从而使农村资金供求关系严重失衡。突出的资金供需矛盾引发广大农村地区农民贷款困难、民间金融异常活跃、高利贷融资活动猖獗等问题,这些已经严重影响着我国农村经济的可持续发展和农村社会的稳定。一定的经济组织形式是由一定的生产力水平所决定的。"三农"当前的困境呼唤合作金融组织出现。重新构建适应农村经济发展水平的新型合作金融组织以解决农户"贷款难"、农村资金流失严重等问题已成为当务之急。如何构建适合农村、农业经济发展需要的合作金融组织,已成为我国农村金融体制改革中不容回避的问题。

为此,2005 年国务院在《深化经济体制改革的意见》中提出:探索发展新的农村合作金融组织;2006 年初"中央一号"文件提出"鼓励在县域内设立多种所有制的社区金融机构"及"引导农户发展资金互助组织";2006 年 12 月 22 日银监会出台《关于调整放宽农村地区银行业金融机构准入政策若干意见》,准许产业资本和民间资本到农村地区新设银行,批准在农村设立村镇银行、信用合作组织、专营贷款业务的银行全资子公司,并允许农村地区的农民和农村小企业,发起设立为入股社员服务、实行社员民主管理的社区性信用合作组织;2007 年 2 月 4 日,中国银监会进一步印发了《农村资金互助社示范章程》;2008 年 9 月中国人民银行在《中国农村金融服务报告》中也提出:在我国部分地区试点"合作组织 + 农户"的新型贷款方式。从以上农村金融体制改革的政策不难看出,政府对农民资金互助合作始终持肯定和积极支持的态度,这标志着我国农村合作金融事业正在迎来一个良好的发展契机。

这些正是本书研究的现实背景,其意义是不言而喻的。

1.1.2 理论意义

从世界各国农业现代化的进程来看,无论是发达的美国、法国、德国和日本,还是发展中的印度以及我国台湾,他们的农业现代化进程无不得益于农村合作金融组织的发展和壮大。西方合作金融的发展不仅历史悠久,而且直到现在仍然证明它具有良好的制度绩效,说明合作金融制度本身具有极强的包容性和对不同经济发展水平的适应性。

那么,我国的农村合作金融组织为什么没有体现出合作金融的优势,也没有发挥其应有的制度绩效? 正是由于这一问题令人困惑不解,我国学术界对此开展了大量有价值的研究,其中不乏真知灼见。但是,大多数对于农村合作金融制度的研究,基本上侧重于静态地考察我国农村合作金融制度问题,即使是动态研究也基本上是从改革开放开始追溯农村合作金融制度变迁的历程,或者从新中国成立以来农村合作运动演变的过程分析合作金融制度的变迁历程,并没有人把中国农村合作金融制度从诞生以来的演进放入一个统一的分析框架中展开探索,尤其是没有把农户金融合作行为放在制度变迁的历史长河中观察。因此,本书试图从制度变迁角度,把不同时代农村合作金融制度演变整合在一个统一的分析框架中,研究其制度变迁的轨迹,探寻农户的金融合作行为,从中发现合作金融制度内在的规律性。

只有把复杂的问题嵌入历史的长河中,我们才能够从绵延弯曲、支流交错的河流中找到问题的主流。

具体来说,深入研究中国农村合作金融制度变迁中农户金融合作行为的理论意义包括:

第一,运用制度变迁理论的分析方法研究中国农村合作金融制度变迁,有利于揭示在中国特定的文化传统、小农经济环境等非正式制度因素的影响和作用下,农户金融合作行为的特征和农村合作金融制度运行的内在规律,从而扩展并充实制度经济学关于制度变迁理论的研究内容,特别是有助于丰富和完善我国农村金融研究中关于合作金融制度变迁的理论研究,并为我国农村金融改革提供可资借鉴的理论依据。

5

第二,研究我国农村合作金融制度变迁需要从中国实际出发,深入分析农户金融合作需求和偏好,分析合作金融制度的特点及其适应性,探求农户金融合作的可能性。要实现这一研究目标就必须运用现代经济学的基本分析方法,对农户的金融合作行为做出理论推导和经验验证。所有这些延伸研究有助于我们加深对农户金融合作行为的认识,从而为农村金融改革提供经验证据。

第三,我国地区经济发展存在巨大差异,不同地区农业发展水平也各不相同,既存在比较发达的现代农业,也存在十分落后的、自给自足的小农经济。通过对我国农村合作金融制度的历史考察,有助于我们认识合作金融制度存在与发展所需的经济和制度环境,从而加深对农村合作金融制度适应性的认识,避免在实践中盲目肯定或否定合作金融制度在农村金融改革中的作用和地位。

第四,要达到上述目标就必须做深入的调查研究,直接了解体现农户金融合作行为的"合作意愿和合作偏好",并运用严格的计量分析手段调查取得的数据做规范的统计分析,进而做出整体推断,为我国农村合作金融问题的研究提供直接的第一手资料。

1.2 研究对象与研究方法

1.2.1 研究对象

古典经济学家亚当·斯密在其名著《国富论》中,将经济学的研究对象界定为"国富",即国家如何富强,或如何增加国民财富。自以马歇尔为代表的新古典经济学建立以来,稀缺资源的最优配置成为经济学关注的中心。随着经济学研究的深入,经济学家越来越重视制度因素,更加侧重于研究在经济理性(或有限理性)假定下微观经济主体的行为。这种研究对象的演变似乎给人一种印象——经济学的研究对象总是在变化之中,而且越来越微观化。其实,经济学的这些变化并不矛盾,而是一贯的、统一的。要研究国民财富如何增加,就必须考虑资源的稀缺性,因为,增加国民财富的过程同时就是资源的耗费过程,而资源却是相对有限的。因此,必须研究如何最节约地使用资源。人类总是在一定的制度环境中开展活动的,要有效利用资源创造财富,必然受到制度的约束和激励,因此,又不得不研究在特定的制度下进行财富创造的人们是如何行动的,研究制度变化对人类行为的影响。如此看来,经济学的研究对象就应当是在资源禀赋约束和制度激励下,人类创造财富过程中的经济行为和现象。现代经济学经过几十年的发展,其研究范围已经扩展到经济问题的几乎所有领域。①

本书的研究聚焦于我国农村合作金融制度变迁中的农户金融合作行为,探究农村合作金融制度从诞生以来,一直延伸到当前农村合作金融改革的全过程。由此就必然涉及合作金融制度,涉及农民和农户的金融合作行为和政府行为的界定,涉及在给定的制度环境中最基本分析单位——农户的最优决策机制以及制度变迁对其行为的影响。

---

① 钱颖一:《理解现代经济学》,载《经济社会体制比较》2001 年第 7 期。

1.2.2 研究方法

为了探索我国农村合作金融制度变迁和农户金融合作行为的内在规律,就必须在分析中采用现代经济学的分析框架和研究方法。之所以如此,一是因为现代经济学提供的分析框架和研究方法是当代主流经济学广泛接受的经济学范式,具有广泛的普遍性、高度的规范性和逻辑的一致性。这一分析框架有助于我们正确地运用经济学的基本原理研究不同经济环境、不同经济人行为及不同制度安排下的各类经济问题。[①] 二是在研究我国农村合作金融问题的文献中鲜有采用现代经济学分析方法,运用逻辑实证方法,通过建立理论模型和经验实证检验,对中国农村合作金融制度变迁做全面系统分析的研究成果。

现代经济学在研究经济系统时首先将经济系统分成若干子系统,然后将子系统组织成为一个分析框架,这一分析框架将经济分析分为四个层次。第一层次先对人们决策前的经济环境进行描述,比如制度环境;第二层次用最优决策理论分析人的自利行为;第三层次用均衡概念分析不同人的自利行为交互作用产生的结局,即用所谓"思想试验"的方法形成假说和理论,然后采用经验数据检验假说(理论)的真伪——经验研究;第四层次就是加入价值判断的规范分析。[②]

一般而言,一个完整系统的理论框架,其中一个重要的构成要素就是要提出相关的理论假定,设定自己的分析前提。这是理论创造的基础。没有这个基础,一切都无从谈起。因为,设定恰当的理论假定和分析前提,一是可以明确本项研究的理论背景,确定其是在一个什么样的理论传统内讨论问题;二是可以据此划定分析的范围,提出本书所要解答的问题;三是可以据此选择分析的工具和方法。因此,

---

① 田国强:《现代经济学的基本分析框架与研究方法》,载《经济研究》2005 年第 2 期。

② 杨小凯:《经济学原理》,中国社会出版社 1998 年版,第 6 页。

只有在前提设定的基础上,才能建立自己的分析模型,开展自己的逻辑推演和理论分析。模型分析的作用不在于向人们提供普遍适用的真理,而在于明确地指出,在什么条件下,某些特定的经济现象之间存在着某种特定的联系。因此,建立模型的过程是,从提出的理论假说出发,理清问题的逻辑联系,恰当定义有关参数和方程,用适当的数学工具描述出有关经济现象和过程的内在联系,把最基本的关系在最抽象的层次上揭示出来。由于最基本的关系是贯彻始终的东西,模型的扩展也就有了可供选择的途径。这也许是历史的分析和逻辑的分析能够统一起来的基本原因。①

基本模型建立以后,进一步的工作就是要进行逻辑实证分析,从理论上再现现实经济运行的实际过程。理论实证的过程就是理论分析逐步接近经验现实的过程。建立了分析模型,进行了逻辑实证,得出了自己的理论结论,接下来的工作就是经验检验。这也是理论研究的一个重要方面。只有通过经验检验而不被证伪的假说,才具有暂时的真理性,才可以称得上是理论。进行经验检验的方法可有多种,既可以是历史资料的统计分析和计量检验,也可以是个别案例的深入剖析,还可以是对过程的归纳描述。

基于此,本书的程式就是:从对经济事实的观察中,以某些基本的假设作为分析起点,推导出系列的结论,形成理论假说,然后逐步放松假设以使理论假说更加接近于事实。在此基础上,需要对假说进行验证,通过验证的假说基本上就是能被接受的理论。因此本书展开次序是:提出概念和假设—形成假说—经验检验—应用分析,这与具体—抽象—具体的研究过程是一致的。提出概念和假设、形成假说是从具体到抽象,经验验证、应用分析则是从抽象到具体。就前者来说,从经验上升到假说可以把握事物的内在规律;就后者来说假说只有对现实具有较好的解释力,才能形成具有内洽性的分析框架。

---

① 张曙光:《博士论文成功的要素和方法》,载杨建龙著:《关于外商投资与外资政策的博弈分析》,经济科学出版社 2000 年版,第 3 页。

采取这样的分析框架自然也就遵循具体—抽象—具体的研究方法,同时也就遵循实证分析和规范分析相统一、历史主义和逻辑主义相结合、演绎分析和归纳分析相联系的方法。

现代经济学分析方法具体运用到我国农村合作金融制度变迁研究,将帮助我们合理地运用经济学的基本原理研究我国小农经济状态下农户的金融合作行为,以及合作金融制度安排的可行性。具体到本书的研究,就是下述四个"结合"。

历史主义和逻辑主义相结合:一般而言,历史主义的研究方法就是"遵循历史的顺序,把握历史现象的基本线索,把握它的内在联系,从而揭示历史发展的必然性的研究方法"。逻辑主义的研究方法就是"撇开历史的具体形式,撇开历史发展的曲折历程和偶然因素,从理论形态上来揭示它的必然性和发展规律,并以逻辑的形式把事物的历史进程再现出来的研究方法"。[①] 从亚当·斯密到道格拉斯·诺斯,几乎所有伟大的理论家在提出其理论时均严重地依赖于历史知识。事实上,在科学研究中逻辑主义与历史主义是互相并列的两种最基本的理论研究方法。因为,任何事物的发展过程,都包含着历史和逻辑两个方面:一方面事物总是以时间和过程为载体,另一方面事物总是以现实而存在,要揭示事物的发展规律与本质,就必须是在对事物历史过程考察的基础上,对事物本身进行理性的逻辑加工。因此,作为社会科学的经济学理论研究必须遵循历史主义和逻辑主义相统一的研究方法。制度变迁的分析方法本身就是一种强调历史主义和逻辑主义相统一的分析方法。遵循这种分析方法,本书在研究我国农村合作金融制度变迁的过程中,一方面,运用逻辑主义的方法构建出农村合作金融制度变迁的理论框架;另一方面,运用历史主义的方法具体考察和分析农村合作金融制度变迁的具体历史过程,从中梳理出符合逻辑的规律性,从而将历史主义和逻辑主义两种研究方法有机地结合在一起。

实证方法和规范方法相结合:实证方法就是通过对经济现实的

---

① 高振刚、李映青:《经济学方法论》,红旗出版社2000年版,第25页。

客观描述和分析,从而回答"是什么"或"怎么样"的问题,"目的在于了解经济是如何运行的……"①规范方法就是以一定的价值判断为出发点,提出从事经济行为的过程及其结果的标准,并探讨如何才能使经济行为符合这些标准的理论和政策,从而回答"应该是什么"和"应该怎么办"的问题。② 事实上,任何经济研究都不可能是纯粹的实证或规范研究,经济研究应以事实为依据,但同时也必须以一定的价值规范为前提和最终目的,因此,在某种意义上二者是互为前提、互为因果的。本书在研究的过程中,一方面运用实证方法客观地分析中国农村合作金融制度变迁过程中的事实,另一方面运用规范分析对这一历史过程以及现实状况做出价值评判,并据此提出我国农村合作金融制度改革模式的政策措施,以使本书的研究更具理论意义和现实意义。

10

静态分析方法和动态分析方法相结合:静态分析就是对某一时点上的客观事实进行分析,并据此把握事物内在的质的规定性。而动态分析就是对某一时段内经济系统所发生的变化进行分析,从动态的角度分析事物的运动、变化和发展过程。事实上,世界上任何事物都是静和动的有机统一,没有静止就无所谓运动,没有运动也就无所谓静止,因此,我们在认识和把握事物的过程中也必须从静态和动态两个方面来考察和研究。本书在研究我国农村合作金融制度变迁和农户金融合作行为的过程中,首先从静态角度分析农户金融合作需求、偏好及其可能性,以及农户金融合作所必需的制度环境,然后从历史的角度动态考察我国农村合作金融制度从萌芽、产生、发展的变迁过程,由此将农村合作金融在不同时期的特征、绩效做出评价,以便客观、全面地了解和把握我国农村合作金融制度变迁的过程。

新制度经济学和新古典分析方法相结合:研究制度变迁问题,新

---

① ［美］劳埃德·雷诺兹著,马宾译:《宏观经济学——分析和政策》,商务印书馆1983年版,第27页。

② 高振刚、李映青:《经济学方法论》,红旗出版社2000年版,第67页。

制度经济学的制度变迁分析方法提供了很好的工具,而新制度经济学之所以越来越被主流经济学所接受和认同,一个重要原因就是新制度经济学与所谓老制度经济学派不同:新制度经济学吸收了新古典经济学科学、严谨的分析方法,把制度分析纳入了新古典理论分析的分析框架,修正了新古典分析方法中过于严格的假定,诸如人的行为完全理性,产权清晰,竞争完全,信息充分,合同完备,没有交易成本,没有外部效应,意识形态和文化之类非正式制度的人类经济行为不产生影响等,把制度变量引入了经济学的分析框架,弥补了新古典经济学的不足,从而极大地丰富了经济学的研究内容,扩大了经济学的研究视野和范围,强化了现代经济学的解释力和实用性。① 因此,新制度经济学是对新古典经济理论的补充和完善,二者共同构成了现代经济学的理论体系。本书尝试运用现代经济的理论框架和研究方法研究中国农村合作金融制度的变迁,也就自然将新制度经济学和新古典经济学的理论分析方法结合在一起,以期能够全面把握我国农村合作金融制度变迁的机理与动因。同时,上述理论工具的选择,在某种程度上,也是基于以往我国学者在农村合作金融研究方面的欠缺而采取的。

1.3 研究思路与研究框架

1.3.1 研究思路

本书共分 9 章,从研究的内在逻辑看,可以分成七部分:第一部分(第 1 章)是导论;第二部分(第 2 章)对与本书有关的已有理论研究成果分别进行回顾和评价;第三部分(第 3 章)在设定假设和提出概念的基础上形成理论假说;第四部分(包括第 4、5、6 章)分别对不同时期我国农村合作金融制度的变迁及绩效做出分析;

---

① 需要说明的是,马克思的经济学理论早就注意到了制度在人类经济活动中的重要作用。马克思主义的历史唯物主义观对新制度经济学的发展产生了极其重要的影响,可以说,新制度经济学的发展大量地吸收了马克思经济学说的"营养"。

第五部分(第7章)运用定量分析方法对理论假说进行检验;第六部分(第8章)是对农村合作金融的再认识与进一步深化改革的思路;第七部分(第9章)是简单的结论及有待进一步研究的问题。

第一部分(第1章导论)主要提出研究背景、选题的意义、研究的对象和方法、本书的结构安排和可能的贡献与创新。

第二部分(第2章)对相关的研究成果进行回顾和评价。任何研究都是建立在前人研究基础之上的。只有在总结前人研究成果的基础上,才可能有所创新,即要么提出了新观点、要么使用了新方法,或者提供了新的经验证据。具体地说,本书的研究涉及新制度经济学的制度变迁理论、合作金融理论、对我国现阶段农村合作金融制度的研究成果。

12

第三部分(第3章)运用现代经济学的分析框架建立一个关于农户金融合作行为的理论假说。这一部分首先从利己主义出发设定对国家、地方政府和农户的基本假设,然后,展开思想试验,建立最优决策数学模型,分析农户的金融合作需求,进而应用博弈论分析方法寻求农户金融合作可能性的均衡状态,在此基础上,展开逻辑实证上的分析,进而得出基本理论(模型)假说。

第四部分(第4、5、6章)应用得出的理论模型,分别对民国时期、抗战时期陕甘宁边区,以及新中国成立以来的农村合作金融制度变迁及其绩效做经验分析,探索制度变迁对农户金融合作行为的作用和影响,社会经济环境对农村合作金融制度安排的约束,尝试发现适宜合作金融制度运行的经济环境。

第五部分(第7章)根据调查取得的经验数据,运用计量分析方法对理论假说进行检验,进一步验证理论的可靠性。

第六部分(第8章)通过比较分析合作金融的制度优势与劣势,运用理论对合作金融制度的运行环境做进一步分析,在此基础上对当前多元化制度安排下的农村合作金融制度做出评价,并提出进一步改革的思路。

第七部分(第9章)是简短的结论及有待进一步研究的问题。

1.3.2 本书的框架结构

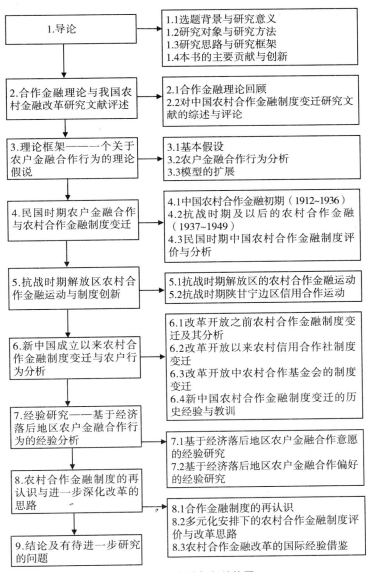

图 1.1　本书的框架结构图

1.4 本书的主要贡献与创新

本书主要的贡献与创新包括：

第一，以往我国学术界对于农村合作金融制度变迁的研究基本上从改革开放开始，或者从新中国成立以来的合作金融制度变迁的角度展开，却没有人愿意撇开政治制度因素，从历史角度把不同时代农村合作金融制度演变整合在完整统一的分析框架中，研究其制度变迁的轨迹，并从中发现合作金融制度内在的规律性。本书采取舍弃政府政治制度的差异，以政府理性作为统一假设前提（即政府都追求自身利益最大化），第一次把民国时期、抗战时期的陕甘宁边区、新中国成立以来几个不同时期的农村合作金融制度纳入统一的分析框架中，从农村合作金融思想传入中国及第一个农村信用合作社成立开始，追溯中国农村合作金融制度的变迁，从中发现这一制度运行的内在规律，通过比较分析，探寻适宜农村合作金融制度生存所需的经济环境和制度环境，得出了"自下而上地诱致性变迁，自上而下地引导是农村合作金融制度得以健康发展的正确途径"的结论。

第二，我国研究农村金融的文献已达数百篇（部），然而运用现代经济学范式展开研究的成果却鲜见。本书运用现代经济学的分析框架建立了一个关于我国农村合作金融的理论假说，并借助最优决策数学模型，分析农户的金融合作需求，应用博弈均衡分析方法寻求农户金融合作的可能性，从而合乎逻辑地分析农户金融合作的行为，从中得出农户存在金融合作的制度需求的结论。特别需要一提的是，在构建农户金融合作需求模型时，为了解决内外部融资之间在成本上的互补关系，首次提出了人情成本概念，并据此建立了农户最优预防性资金的决策数学模型。并运用上述理论框架分析不同时期的农村合作金融制度变迁的特征，展开制度绩效分析，发现不同时期的政府出于特定的政治和经济目的，从自身理性出发自上而下地强制性推动制度变迁，破坏了合作金融制度内在的运行机制，这是农村合作金融制度难以发挥其应有制度绩效的主要原因。

　　第三,第一次系统地梳理了抗战时期陕甘宁边区农村信用合作运动的史料,并运用制度变迁理论方法进行分析,一方面为本书的研究得出一致性结论提供了有力支持,另一方面也为后续的进一步研究奠定了良好的基础。

　　第四,很多学者在研究农村金融问题时注意到调查研究的重要性,也采取调查研究的方法,但这些研究存在两个问题:一是对农户的直接调查少,二是很少做统计检验,而采取直接用样本比例进行整体推断,其科学性自然大打折扣。本书采用直接对农户进行调查的方法,取得第一手资料,并运用严格的计量分析方法对提出的理论进行经验验证,既取得了与理论一致的结论,也进一步发现了农户金融合作的意愿和偏好等行为。结论是:农村合作金融组织适宜建立在经济相对落后、信息相对充分的村落;超出了地缘和血缘边界,信用风险就会增大,而规模较大的合作金融组织应当在组织发育成熟之后逐步扩大。

15

2. 合作金融理论与我国农村金融改革研究文献评述

2.1 合作金融理论回顾

探索农村合作金融问题首先就需要对合作金融理论进行梳理,而梳理和回顾合作金融理论就必然涉及合作经济的理论问题,因为,信用合作社是合作金融的基本制度形态,而合作金融又是合作经济在金融领域的延伸。故本节首先从合作经济理论与合作金融理论发展和变化两方面对已有的研究成果作简要回顾。

2.1.1 合作经济思想的发展与变化

合作经济思想的起源可以追溯到 18 世纪的早期空想社会主义、基督教社会主义和国家社会主义的合作经济思想。以这些思想为基础形成的合作经济原则产生了深远的影响,并在国际合作运动的发展进程中形成了不同的派别。具有代表性的合作经济原则有:英国的罗虚戴尔原则、法国的尼姆学派原则、德国的雷发巽和舒尔茨的信用合作原则,其中,罗虚戴尔原则为世界合作社运动奠定了思想和组织基础,成为国际合作社联盟各成员国合作社共同遵循的基本原则,构成了现代合作社原则的主体。[①]

但是,第二次世界大战以来,特别是 20 世纪六七十年代以来,世界各国的社会经济形势同罗虚戴尔公平先锋社诞生的时代相比,已经发生很大的变化,在新形势下,罗虚戴尔原则表现出明显的历史局

16

---

① 马忠富:《中国农村合作金融发展研究》,中国金融出版社 2001 年版,第 25 ~ 27 页。

限性。只有对合作制传统原则进行必要改造,克服其自身存在的局限性,才能够适应外部环境变化所带来的挑战。合作经济原则的变化主要体现在:

第一,在坚持民主管理的前提下,改造"一人一票制"。"一人一票制"被认为是合作社最基本的原则。传统合作社认为"一人一票制"既能实现平等,又能导致公平,因而将其作为实行民主管理的主要手段。这一原则确实有效地调动了合作社社员参与的积极性,促进了合作化运动的迅速发展。但是,自第二次世界大战以来,世界政治、经济、社会诸方面都发生了深刻的变化,国际依赖程度日益加深,市场竞争愈发激烈。这些外部环境的变化,对合作社的生存、发展及其经营管理方式产生了极为深刻的影响。在这种背景下,为了迎接严峻的外部挑战,增强自身的经济实力和竞争水平,合作社明显地出现了经营大型化、综合化及国际化的趋势。这时"一人一票制"与外部环境已显得不相适应。现代市场经济中的竞争是十分激烈的,它需要经济活动主体能够根据瞬息万变的外部环境,迅速做出正确决策。因此,合作社在合作制原则问题上采取较为灵活的态度,在坚持民主管理的前提下,适当增加社员股金的投票权,从而使过于分散的投票权趋于集中,以提高决策效率。

第二,在坚持按交易额分配的前提下,适当兼顾按资分配。传统合作社一般严格坚持按交易额分配赢利的原则,反对社员通过拥有资产受益。因为,最初建立合作社的主要目的是试图通过彼此互助合作,来消除中间商人的盘剥,防御大资本的支配和压榨,从而维护自身的利益。因此,传统上合作社基本都坚持按交易额分配盈余的原则,这也是"罗虚戴尔原则"的重要内容。然而,随着时间的推移,合作社仅按交易额分配原则的弊端日益显露出来,因为它完全忽视了社员对合作社出资多寡的因素,这势必挫伤出资多的社员的积极性。如果他们都"用脚投票",离开合作社,则会加大合作社的资金矛盾,直接影响到合作社的正常经营与继续发展。目前,许多发达国家的合作社对社员的股金不仅给予股息,而且还发放适当的红利,从而形成了按劳分配方式与按资分配方式并存的分配格局,有力地调动了社员出资入股、参与经营管理的积极性。这是合作社改革分配原则的一个方向。

第三,在坚持为社员服务的同时,努力追求赢利。传统上合作社的交易一般只在社员之间进行,对社员实行封闭式服务,其经营业务不面向市场,不对非社员提供互助合作。如果有人希望获得合作社的商品和服务,一般来讲,须集资入股,首先加入合作社,取得社员的资格。同时,合作社最初是作为劳动群众的互助合作组织而出现的,社员只是希望通过经营合作社来保护自身的社会经济地位,并不希望合作社为他们赚取多大的利润。换言之,赢利不是传统合作社的主要经营目的。合作社的这种办社宗旨和经营方针是由当时的社会历史条件及劳动群众所处的地位所决定的。但是,随着商品经济、市场经济的发展,生产社会化水平日益提高,地区之间、行业之间、企业之间的经济联系进一步加深,分工、协作更加细化。在这种情况下,合作社传统的经营指导方针越来越显得不相适应,在很大的程度上束缚了合作社的发展。因为在现代市场经济中,任何一种经济组织都不可能脱离外部大市场,实行封闭式经营,合作社也不例外。合作社在坚持为社员提供商品,开展服务的同时,必须把赢利摆在重要位置,面向社会,面向市场,实行商品化经营。只有把赢利当做更好地为社员服务的手段,通过提高合作社的经济效益,为社员谋取更多的福利,才能在激烈的市场竞争中立足。因此,目前合作社大多在坚持为社员服务的同时,把追求赢利作为另一项重要目标。

18

第四,在坚持社员入股集资的同时,大力筹措外部资金。传统合作制的一个重要原则是坚持以社有资金进行经营。资金的来源主要靠社员出资所形成的股金。这种筹集资金的方式,与传统合作社的小型化、专业化的经营格局是相适应的。在19世纪和20世纪初,当时社会经济的货币化程度较低,合作社资金紧张的问题尚未明显地表现出来。但是,随着合作社经营规模的扩大和经济货币化程度的提高,大多数合作社在资金问题上越来越显得捉襟见肘。狭窄的资金来源和有限的资金积累,极大地制约了合作社的正常成长。资金有限使得许多合作社不能扩大经营规模,不能及时地更新技术设备。

因此,在现代市场经济条件下,合作社必须想方设法扩大筹资渠道和来源,弥补资金不足。一方面,通过改革原来的分配制度,提高社员集资入股的积极性,尽可能地扩大股金来源;另一方面,充分利用各种信用工具,广泛地在合作社外融资。最近一二十年,各国合作社通过后一种途径筹措的资金在经营性资金中所占比重呈不断扩大的趋势。

第五,从合作社社员自我经营转向雇工经营。传统合作社原则强调社员实行自我经营,自我服务,社员既是股东,又是劳动者,反对雇工经营。随着合作社的发展,其经营规模不断扩大,经营业务呈现综合化趋势。近年来,各国合作社在实践中已经突破了劳动用工方面的禁区,实行雇工经营,像股份公司一样形成专家治理结构。合作社的高级管理人员既可以是社员,也可以从非合作社社员中雇请,由他们负责合作社的日常经营管理。同私人公司所不同的是,合作社的赢利较低,并且不是为私人个人所占有,而是为合作社社员共同占有。①

19

为了适应国际合作社运动的发展变化,国际合作社联盟自成立以来也曾多次修改办社原则。1995 年,在英国曼彻斯特举行的国际合作社联盟 100 周年代表大会上产生和通过了最新国际公认的合作经济原则。

修改后的合作经济原则有七条。第一条:自愿和成员资格开放。合作社是一种自愿组织,对所有能够使用其服务和愿意接受成员责任的人开放,没有性别、社会地位、种族、政治或宗教歧视。第二条:民主的成员控制。合作社是一种由其成员控制的民主组织,他们积极参与制定政策和做出决定。选举产生的男女代表向全体成员负责。在基层合作社中,成员享有平等选举权(一人一票),其他层次的合作社,也按民主方式组织。第三条:成员经济参与。成员为其合作社提供等额资本金,并实行民主控制。通常,这些资本金至少有一部分是合作社的公共财产。作为成员的条件之一是赞成成员只获取有

① 田野:《论合作制原则嬗变的五个趋向》,载《财金贸易》1998 年第 3 期。

限的资本金补偿。成员对盈余按以下的目的进行分配：可以通过建立储备金来发展合作社，其中至少有一部分是不可分割的；让成员按其与合作社的交易份额受益；用于支持成员批准的其他活动。第四条：自治和独立。合作社是由成员控制的自治、自助组织。如果他们与其他组织达成协议，包括政府，他们要在条款中确认其成员的民主控制和保持合作社的自治。第五条：教育、培训和宣传。合作社为其成员、选举的代表、管理人员和雇员提供教育和培训，从而使他们能有效地为合作社的发展做出贡献。他们向广大公众特别是年轻人和舆论领袖们宣传合作社的性质和好处。第六条：合作社之间的合作。合作社以最有效的方式为其成员服务，并通过地方、全国、地区和国际的共同工作来加强合作社运动。第七条：关心社区。合作社通过其成员批准的政策，为社区的持续发展而工作。

2.1.2 合作金融理论及其发展

合作金融组织是依据合作经济思想，以合作经济原则为基本准则，采取合作社方式在金融领域组建的合作经济组织。因此，合作金融组织仍然以合作经济基本理论和原则作为指导的理论依据和基本原则。具体地说，合作金融组织是指社会经济中的个人和企业，为了改善自身的经济状况，获取便利的融资服务或经济利益，按照自愿入股、民主管理、互助互利的原则建立的金融组织。

合作金融组织是与商业性金融组织、政策性金融组织相对应的金融组织方式。与其他金融组织一样，合作金融组织具有金融业的一般属性和特征，即合作金融组织同样办理吸收存款、办理贷款、结算和其他金融业务，发挥着信用中介、支付中介以及信用创造（在允许开办支票转账业务的前提下）的功能。

一般来说，判断一种金融组织是否属于合作金融的范围，可以从以下四项标准加以判断：①组织原则是否符合国际通行的合作原则。合作金融组织的建立应以自愿和开放为基础，以社员的经济参与、自主、自立以及民主管理为核心，以教育培训和信息服务为保证，以关心社区和为社员优先服务为服务宗旨。如果一种金融组织以这些原则组建,那么就是合作金融组织。②资本构成是否以参与者股本金为核心。资本是一个金融组织开展经营活动的基础,在合作金融组织的资本结构中,股金应占有绝对优势。③服务对象是否以入股者为主要的服务对象。合作金融组织不以赢利为主要目的,其主要目的是为入股者提供服务。如果一个金融组织以入股者为主要服务对象,就可以称其为合作金融组织。④经营内容是否以金融业务为主要内容。

但是,与世界合作运动的发展一样,信用合作运动随着社会经济的发展和变化,其基本原则也发生了一定程度的变化。这些变化主要体现在以下四个方面:

一是信用合作社追求营利性的倾向增强。从早期信用合作的基本目的和原则来看,信用合作社是一种互助互利的金融组织,其宗旨是维护社员的经济利益,向社员提供各种类型的金融服务,一般不以追求利润最大化为经营目标。因为,传统合作社一般只在社员之间进行交易,对社员实行封闭式服务,其经营业务不面向市场,不对非合作社员提供互助合作。但是当代各种类型的合作金融组织大都坚持对内注重服务,对外注重赢利的原则,在坚持向社员提供服务的同时,开始出现注重赢利的倾向,而且这种倾向越来越明显。

二是民主管理原则弱化。具体表现在:合作金融组织管理越来越向专业人员集中。同时,随着这种管理的日趋专业化、集中化以及专职管理层的出现,合作金融组织早期所具有的所有权与经营权相统一的模式逐渐被打破,取而代之的是两权分离成为普遍模式。最具有合作经济特征的核心原则——"一人一票制"也逐步被股份合作控股原则所替代。

三是互助精神淡化,竞争意识增强。具体体现在:合作金融组织提供的金融服务范围越来越广,甚至覆盖了全社会。同时,为了吸引客户,现代合作金融组织不断创造出新的业务品种和服务项目,不断拓展新的金融服务领域。有些合作金融机构业务活动的范围已经超出金融服务的范围,实行综合经营;有的甚至走向国际市场参与国际金融竞争。其结果必然是互助精神的淡化和竞争意识的增强,从而

21

在很大程度上改变了合作金融组的宗旨和性质。

四是改变可退股退社的原则,增加按股分红的比重。为了筹措长期稳定的资金来源,目前大多数合作金融机构均采取在提留合理比例的公共积累后,实行按股分红,股金不得抽资退股的原则。①

可见,合作金融是合作经济在金融领域的存在形式,是由一些具有共同需求的农户及其他分散弱小的经济主体,为了在市场经济条件下抵御来自外部的强大压力,从整体上提升自己的竞争能力和地位,而以"自愿参与,互助互利、民主管理、不单纯以赢利为目的、为成员服务"的原则,自愿联合形成的、共同所有、自我服务、民主管理的金融组织形式。但是,伴随着客观经济环境的变化以及农民经济地位的改变,合作经济的原则会随之作出调整,这正反映了合作经济的制度安排,能够随制度环境的变化而变化,具有很好的环境适应性。从制度分析的角度看,这种制度变迁的成本低于制度全面变革的制度创新活动。

2.2 对中国农村合作金融制度变迁研究文献的综述与评论

目前,学术界对我国农村金融问题的研究上已经积累了大量的文献,本节着重从四个方面对相关文献进行归纳和整理,以期在前人研究的基础上为自己的研究做好理论上的准备。

2.2.1 农村金融抑制的供给型与需求型之争

爱德华·肖和罗纳德·麦金农在分析发展中国家农村金融状况时,认为金融抑制是发展中国家普遍存在的一种现象,因此我国学术界在研究农村金融问题时,也广泛采用这一概念。从理论上看,农村金融抑制既可能是供给型的,也可能是需求型的,可能是正规金融部门金融服务供给不足,也可能是农户对金融服务需求不足。那么,我

---

① 蔡则祥:《国外合作金融的发展变化及其对我们的启示》,载《金融参考》2001年第1期。

国农村金融抑制状况究竟属于哪一种类型,对这一问题的认识存在两种相反的观点。

一种观点认为我国农村金融抑制属于供给型金融抑制。持这一观点的学者认为,导致我国农村金融抑制的主要原因是正规金融部门向农户提供贷款的资金有限。[①] 即便是经济落后地区,由于农村居民缺乏畅通的对外沟通渠道,对现代金融服务缺乏感性认识,也不能就此认为需求不足。比如对高寒草原地区的畜牧业而言,自然灾害保险的潜在需求必然存在。另一方面,某些金融服务只有在提供的过程中才能让居民和企业发现其方便快捷的好处,才能激活潜在需求。按照谢平的观点,"供给会自行创造需求"的萨伊定律在农村金融中会发挥作用。[②]

相反,另有一些学者持有不同的看法,他们认为我国农村金融抑制主要是由于需求不足引起的。有学者认为,我国农村当前所面临的一个特征性事实是,在农村金融供给不足的同时农户对正规金融部门的资金需求却相对有限,故我国农村金融抑制也有需求型金融抑制的特点。具体而言,农业具有较高的自然风险,导致农产品较明显的市场风险,加之土地制度的制约、较低的农村市场化程度、不健全的农村社会保障体系等抑制了农户的生产性借贷资金需求,同时农村非正规金融组织对正规金融组织具有"挤出效应",这些都使得农户对正规金融部门的资金需求相对有限。[③] 也有学者认为我国农村的金融抑制在类型上属于供给型与需求型共存。[④] 导致这状况的原因是由于一方面正规金融部门对农户贷款的资金有限,另一方面农户也存在融资需求约束:①在改革初期,一些农用生产资料不仅缺

---

① 乔海曙:《农村经济发展中的金融约束及解除》,载《农业经济问题》2001 年第 3 期。

② 谢平:《中国农村信用合作社体制改革的争论》,载《金融研究》2001 年第 1 期。

③ 高帆:《我国农村中的需求型金融抑制及其解除》,载《中国农村经济》2002 年第 12 期。

④ 房德东、王嘉秀、杨秀艳:《试论我国农村领域的金融抑制问题》,载《金融理论与教学》2004 年第 3 期。

少,而且流通渠道单一,市场环境恶劣,农民即使有钱也难买到合适的投入品;②近几年由于农产品市场低迷,农民不愿借钱做不赢利甚至可能赔本的经营;③在非农生产领域,需求约束体现在自身技能上;④在生活消费领域,由于农村没有开展消费信贷,农民迫不得已会借高利贷。①

另有观点认为,农户的融资需求不足,一方面是自然需求不足,主要原因是农村商品化程度低,农户自给自足消费高,货币化程度低,降低了农户对资金的交易性需求;另一方面是人为需求不足,这是产生需求性金融抑制的主要原因,它是政策压抑的结果,其根源在于制度供给短缺,例如,由于消费信贷服务严重滞后,导致农民将消费信贷需求转向了非正规金融部门,从而减少了对正规金融部门的资金需求。因此,我国农村金融抑制主要表现为供给型金融抑制,需求型金融抑制是从属现象。② 供给型金融抑制起主导作用,其他形式的金融抑制处于从属地位的原因在于:首先,按照经济发展一般规律,先满足量的要求,然后才有质的提高。因此,只有在缓解供给型金融抑制的基础上,才会考虑需求的增加与需求的多样性问题。其次,在经济发展的早期阶段,金融"供给领先"模式已为许多国家,特别为东亚国家的发展所证实。第三,供给型金融抑制有时也会以需求型等金融抑制的形式出现。对一些欠发达农村地区,表面上看是金融有效需求不足,其实质是金融供给类型不对路,政策性金融乏力,合作金融不发达,从根子上讲是金融供给的总量不足。③

综合上述各种观点,可以认为:农村金融抑制主要是供给型的,但也存在需求型的金融抑制。农村金融抑制主要是供给型的,这表明解决农村金融问题的突破口就是改革现存农村金融体系。需求型

---

① 曹力群:《当前我国农村金融市场主体行为研究》,载《金融论坛》2001年第5期。

② 马晓河、蓝海涛:《当前我国农村金融面临的困境与改革思路》,载《中国金融》2003年第11期。

③ 韩正清:《农村供给型金融抑制问题及其求解》,载《西南农业大学学报(社会科学版)》2005年第3期。

金融抑制的存在,又表明农村金融问题的解决是一项系统工程,金融领域之外的一些改革,如构建农村社会保障体系、产业化结构调整、土地产权制度改革等,对农村金融抑制状况的解除都是必要的;农村金融需求是复杂的,供给型金融抑制的解除要求农村金融体系以需求为导向。另外,仅仅依靠强调资金流动性、安全性的正规金融机构无法满足农户多样化、复杂化的信贷需求,必须在继续改革和完善正规金融机构的同时,使农村一部分非正规金融机构"浮出水面"。[1]

2.2.2 农村金融体系改革中合作制与股份制争论

农村金融改革的制度选择问题一直是学术界争论的重要话题之一,大致可以归纳为三种观点:一种观点主张以合作制为主导;另一种观点则强调商业化取向的股份制改革,甚至放弃合作制;第三种观点认为应当坚持商业金融和合作金融共同发展的原则。

25

(1)主张以合作制为原则推进农村信用合作社改革的观点

持这种观点学者认为,推进农村信用合作社改革的关键并不在于要不要合作制,而在于应当按照合作经济的基本原则进一步完善农村信用社。[2] 从理论上讲,合作金融原则能够保证其参与者以低于一般市场交易成本的代价优先获得相应的服务,避免了股份制由于追求利润最大化而对弱势产业——农业发展带来负面影响,从而有利于农村信用社不断扩大规模,以适应农村的金融需求和经济发展的需要。[3] 因为,农户的微观活动(农业生产的季节性和兼业化)及其融资需求具有分散化、规模小、周期短、监控难、风险大等特点,决定其难以进入商业化正规金融。而合作金融却能够发挥引导农户进入大市场、提高个体经济和弱小经济实体的组织化程度、增强竞争

---

[1] 王国华、李克强:《论我国农村金融抑制与金融制度创新》,载《中央财经大学学报》2006 年第 5 期。

[2] 秦汉锋、阮红新:《论农村信用合作社的制度冲突、制度绩效和制度演进方向》,载《当代财经》2002 年第 8 期。

[3] 何广文、冯兴元、李莉莉:《论农村信用社制度创新模式与路径选择》,载《中国农村信用合作》2003 年第 8 期。

能力、在市场竞争中求得生存和发展的积极作用。合作制从业务对象、人员构成、业务技能和经营空间等方面都有利于实现与农民的天然结合，有着其他模式不具有的比较优势——能够方便、快捷地满足大量农户的小额、短期、灵活的低息资金需求；机构分布面广，能够覆盖大多数农户，而且业务明确（商业银行是不具备的，它没有办法直接面对农村普通的农户）；自我服务功能较强，有助于防止农村资金的外部流失。此外，农村也为合作金融实施错位竞争战略留下了竞争空间。

面向农户、集体农业等非法人实体的信用业务，应是合作金融和政策金融的天然职责。合作金融应有政策金融作财力依恃，然而，目前我国农村政策金融主要着眼于国家农副产品收购这种垄断性商业行为，并没有脱出"工占农利"阶段统制金融的窠臼，故合作金融没有得到政策金融在财力上的支持，这导致我国农村真正的合作金融没有出现。故可以认为，不是合作制本身有问题，而是我国农村政策金融出现了问题。中国农村是典型的小农经济，从世界范围看，只要是小农经济国家，都没有仅仅使用商业金融来为小农提供信用服务的成功先例。甚至所谓小额信贷，某种程度上讲也是一种高利贷，因为其利息率大大高于一般商业银行，这还没有计算小额信贷的组织成本，如果把组织成本算进去，也许基本上不能把它作为一种金融服务来看待。总而言之，正规的商业化金融不能提供高度分散小农经济化条件下的信用服务，根本不可能在传统农村做商业化银行改革。[①]

合作金融本身是一种产权制度，不能以股份制、股份合作制代替合作制。[②] 合作金融的产生主要来自在正规的金融市场受到差别待遇的中小经济个体，以利他（互助）换取利己（融资）的现实需求，其

26

---

① 温铁军、姜柏林：《把合作金融还给农民——重构"服务三农的农村金融体系"的建议》，载《农村金融研究》2007年第1期。

② 何广文、欧阳海洪：《把握农村金融需求特点 完善农村金融服务体系》，载《中国金融》2003年第11期。

根源是交易意识和降低交易成本的动机。① 因此,在农村推行以合作制为内容的金融改革存在现实的基础。

从实践上看,西方合作金融的发展不仅历史悠久,而且直到现在仍然证明它具有良好的制度绩效,说明合作金融制度本身具有极强的包容性和对不同经济发展水平的适应性。所以,农村金融改革和发展的重点应该是按照合作制原则改造现有的农村信用合作社。②

(2)强调以股份制方式对农村信用社实施改造的观点

持这一观点的学者认为,我国农村信用合作社不符合合作制原则的历史已经表明,这些原则在我国农村金融领域是行不通的,因此,农村金融改革和发展的重点应转向组建和发展股份制商业银行。③ 合作制制度设计不尽科学,存在诸多内在矛盾和缺陷。其特殊的制度安排决定社员缺乏参与和监督组织的积极性,组织信息供给严重不足,容易出现内部人控制现象,难以建立完善的法人治理结构,逆向选择和道德风险突出问题,是造成我国农村信用社长期经营发展困难,难以摆脱困境的重要制度原因。④ 因此,合作金融组织有历史过渡性质,现在的农村信用社应索性鼓励它走商业银行的路,不用谈什么为农业服务。如果为农业服务,也要商业化,不要讲什么兼顾赢利和为农业服务,⑤试图通过利他实现利己的可能性极小。其实,我国现有的农村信用社是理想化的产物,⑥是一种强制性的制度安排,是一种没有所有者的合作制,⑦农民别无选择地"被迫"合作。

27

---

① 凌涛:《探索农村金融改革新思路——也谈我国农村信用合作社体制改革的争论》,载《金融研究》2001年第7期。

② 龚方乐:《中国信用合作问题的研究》,中国经济出版社2000年版,第25页。

③ 谢平:《中国农村信用合作社体制改革的争论》,载《金融研究》2001年第1期。

④ 潘志刚、许湘平:《合作金融制度效率研究及启示》,载《南方金融》2003年第1期。

⑤ 党国英:《农信社产权改革方向》,载《金融信息参考》2004年第11期。

⑥ 曾康霖:《我国农村金融模式的选择》,载《金融研究》2001年第10期。

⑦ 张杰:《中国金融改革的检讨与进一步改革的途径》,载《经济研究》1995年第5期。

由于农村信用社不是由社员出于信用合作需要自发产生,而是由政府主导而组建,社员之间不具有合作金融存在所必需的牢固的"合作精神"基础,受传统文化的影响,中国人缺乏集团生活习惯。[①] 加之我国农民整体素质低,合作和民主管理参与意识缺乏,在信息不对称、难以对社员损害组织利益行为进行判断和有效惩罚下,合作组织尤其容易产生社员"损公肥私"的不合作行为。合作金融所要求的理想制度效率条件在现实中很难满足。[②]

传统意义上的农村信用合作社,由于社员多、股金少、可以退股,个体与信用社之间利益关系淡薄,无论在理论上还是实践中,都无法健全自我约束、自我发展的经营机制和落实管理责任。现行的农村信用社缺乏有效的法人治理结构,产权模糊,产权所有人严重缺位,既导致农村信用社在管理体制上的"行政化"和"官本位",淡化了农村信用社的市场意识和竞争意识,影响了农村信用社组织机构和经营活动的正常发展;也造成了对农村信用社管理监督的真空,社员代表大会、理事会、监事会流于形式,"内部人控制"程度加深,增加了农村信用社在经营管理上的风险。[③] 解决农村融资的渠道只能是发展农村合作制金融机构或者开展具有相当政策性含义的农户小额信贷这种说法没有区分发达国家和不发达国家。现代银行不愿意在农村开展业务是事实,但并非全球都如此。在发展中国家,由于市场机制作用有限,银行的服务是十分不充分的。但是在发达国家,农民获得金融业很好的服务。中国既然要想成为发达国家,显然农村金融体系商业化是题中之义。[④]

此外,国家对农村信用社的管理与国有商业银行基本相同,农村

① 马忠富:《农村信用合作社改革成本及制度创新》,载《金融研究》2001 年第 4 期。

② 潘志刚、许湘平:《合作金融制度效率研究及启示》,载《南方金融》2003 年第 1 期。

③ 赵革、孟耀:《试论我国农村信用社合作体制的改造和发展》,载《东北财经大学学报》2001 年第 6 期。

④ 文贯中:《农村金融改革能走多远?》,载《21 世纪经济报道》2004 年 8 月 26 日第 5 版。

信用社将贷款贷给谁、贷多少、抵押担保程序等均由信用社主任说了算。因此,农民从来不认为信用社是农民自己的互助合作金融组织,而视同政府部门或国家银行的某类附属机构,中国的农村信用社从诞生之日起就从来没有真正实行过合作制。[①] 农村信用社是一种"三不认"组织——农民不承认信用社是自己的组织;政府不承认它是官办的金融组织;信用社职工也不承认信用社是农民的组织。

因此,农村金融改革和发展的重点应转向组建和发展股份制商业银行,应当以股份经济的组织方式将现有的信用合作社改造成为农村商业银行,[②]或者根据经济发展程度的差异,在经济发达地区将农村信用社改造成为股份制商业银行,在落后地区把信用社改造成为区域性的政策性银行;[③]也有学者从动态的角度分析认为,事实上农村信用社的现存形态是股份合作制,其发展趋势和必然选择是股份制商业银行。[④]

（3）主张以多元化模式推进农村信用社改革的观点

值得一提的是,赞同以多元化模式推进农村信用社改革的观点已成为主流。大多数学者基本接受了这样的看法,即我国农村信用社改革宜采取"多元化"思维模式。因为合作金融一般在小范围可以很好运作,但扩展到大范围时,合作金融所依据的信任机制和互助机制等不容易正常发挥作用,不能代替商业金融,故二者应该并重。中国农村金融市场的发展方向应当是商业化和合作金融共存,相互补充,共同发展。把农村金融的发展方向单纯定位在合作化或商业化,都会脱离中国农村金融发展的实际情况。我国区域经济发展不平衡,各地农村经济发展的差异很大,任何一种单一模式都不可能解决

---

① 谢平:《中国农村信用合作社体制改革的争论》,载《金融研究》2001 年第 1 期。

② 谢平:《中国农村信用合作社体制改革的争论》,载《金融研究》2001 年第 1 期。

③ 姜长云:《从乡镇企业融资看农村金融改革》,载《经济学家》2002 年第 8 期。

④ 王家传、刘廷伟:《农村信用社改革与发展问题研究——山东省农村信用社问卷调查综合分析报告》,载《金融研究》2001 年第 8 期。

农村金融中存在的所有问题,只有根据各地农村经济发展和农村信用社的实际状况,因地制宜地选择适合当地客观实际的改革模式,才可能取得预期的成果。① 综合起来看,如果我们真正建立了"政策性—合作—商业性"农村金融体系,可以设想,农户通过政策扶植可以全面脱贫并维持简单再生产,在合作金融支持下可以实现初步致富并实现初级层次的扩大再生产,在商业性金融的竞争条件下,真正具备经营能力的农户可以实现高级层次的扩大再生产,甚至带动本乡镇产业结构的高度化、城镇化和非农化。② 而试图用一种制度安排解决我国农村信用社改革发展的所有问题,只能陷入"股份制"和"合作制"旷日持久的争论,难以取得理想的效果。③

（4）对上述争论的评价

30

现有的研究涉及了农村信用合作社改革的多个层面,对于促进我国农村金融体制的改革无疑起到了积极推动作用。但是综观以往的研究成果不难发现,这些研究大多以考察农村信用社作为研究视角,从理论层面分析和论证农村信用社改革的制度选择问题,很少从农户(农民)意愿的角度,运用实证方法考察农村信用社的制度选择,一些不容忽视的问题在研究中被忽略了。这些问题包括:

第一,直接受到农村金融改革影响的农户,特别是经济落后地区的农户究竟如何看待农村信用社,现有文献中不论赞同合作制与否几乎无一例外地认为,农村信用社需要改革的一个重要原因就是农民对农村信用社缺少认同感,农户不认为信用社是为农民服务的金融机构。这种估计究竟有没有现实依据值得商榷。

第二,农户到底有没有金融合作的意愿,在多元化制度安排的背景下,多数人一般认为经济落后地区农村信用社改革宜采取合作制

① 陈峰:《多元化制度安排:我国农村信用社体制选择》,载《集美大学学报（哲学社会科学版)》2004 年第 3 期。

② 陆磊:《以行政资源和市场资源重塑三层次农村金融服务体系》,载《金融研究》2003 年第 6 期。

③ 汪今朝:《农村信用合作社体制改革应走多元化之路》,载《金融教学与研究》2002 年第 2 期。

方式推进,这里实际隐含了一个重要的假设,即在中国经济落后地区的农民愿意参与金融合作。不错,推进以合作制为产权模式的农村信用社改革的前提是农户具有金融合作的意愿,如果农户并没有合作意愿,或者说合作意愿不强,强行推行以合作制为核心的农村信用社产权改革就只能是一相情愿,其结果自然是可以想象的。那么,经济落后地区的农户究竟是否具有金融合作意愿就必须研究。

第三,信用社发放贷款与农户对信用社的认同感、农户参与金融合作意愿之间是否存在相互关联的关系,农户的收入水平与上述三个因素有没有关系。理论研究的目的不仅仅限于简单考察事物本身的状态,更需要深入研究事物之间的联系,以及它们之间相互作用的机理。因此有必要了解经济落后地区的农户(农民)的金融合作意愿与是否认同现存的农村信用社、农户从信用社取得借款与否以及家庭收入之间的关系。

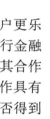

第四,如果假定多数农户具有金融合作的意愿,那么,农户更乐于采取哪一种合作组织方式。一个理性的农(民)户与他人进行金融合作无疑需要对合作参与者有比较多的了解,了解得越全面,其合作风险就越小。因此,采取何种合作方式对于农户参与金融合作具有重要意义。农户金融合作的偏好是决定农村合作金融组织是否得到农户支持和积极参与的关键因素。目前,我们对农户金融合作偏好的了解知之甚少。

对上述四个问题的回答仅仅通过一般的理论推理是远远不够的,必须通过经验研究才可能寻找出回答。尽管以往研究农村信用社改革的文献中有学者注意到了这其中某些问题的重要性,[1]也有能够支持农民具有金融合作意愿的典型案例作为佐证,[2]并有学者

① 陈峰:《多元化制度安排:我国农村信用社体制选择》,载《集美大学学报(哲学社会科学版)》2004年第3期。

② 经济学家汤敏先生等在山西临县农村进行的农村合作基金试点表明,试点村及其周围的农民是愿意以互助合作的方式共同参与金融合作的。这种试点属于个案研究,虽然个案研究也属于经验研究的方式,但是,要从总体上推断出农民的合作意愿还是统计分析方法得出的结论更具有代表性。

借助调查分析了农户对农村信用合作社的态度,①然而,迄今为止运用严格的统计分析方法做出总体推断,对经济落后地区农户金融合作意愿以及影响因素进行经验性研究的成果尚不曾见到。②

2.2.3 对农村非正规金融的研究

在我国农村,非正规金融形式多样,广泛存在。这方面的研究主要分为两个方面:其一是农村非正规金融产生的成因;其二是农村正规金融和非正规金融的优劣之争。

(1)农村非正规金融的成因

对于农村非正规金融产生的原因,有一种观点认为:中国小农家庭的生存经济决定了大部分农贷只能由熟人或国家来提供。小农家庭的生存经济与其资金的非生产性需求两者之间具有某种内在逻辑联系。对于这种非生产性资金缺口和农贷需求不能指望由正规的或商业性的金融来满足。③ 农村经济主体的微观活动及其融资需求具有分散化、规模小、周期长、监控难、风险大等特点,难以进入商业化正规金融,因此小农经济天然、长期地与民间借贷相结合,而农村正规金融的退出导致农村非正规金融的迅速发展。④

农村非正规金融与中国城乡的特殊结构与联系相关,归根到底是由于城镇和农村之间缺乏一个较好的金融组织。⑤ 特别是在转轨经济中,一方面大量的农户存款进入国有正式金融机构而转移到非农部门,另一方面农户的信贷需求(尤其是生产性需求)得不到满足。⑥ 作为诱致性制度变迁的结果,农村非正规金融是由中国农村

---

① 阎庆民、向恒:《农村合作金融产权制度改革研究》,载《金融研究》2001年第7期。
② 陈希敏:《经济落后地区农户金融合作意愿的实证研究》,载《中国软科学》2006年第3期。
③ 张杰:《解读中国农贷制度》,载《金融研究》2004年第2期。
④ 温铁军:《农户信用与民间借贷研究——农户信用与民间借贷课题主报告》,中经网2001年7月。
⑤ 费孝通:《江村经济》,上海人民出版社2006年版,第186页。
⑥ 张杰:《解读中国农贷制度》,载《金融研究》2004年第2期。

金融制度安排的缺陷造成的。[①] 从供给角度看,郭沛认为,农村贫富差距的加大使农村非正规金融形成旺盛的供给:农村正规金融机构的存款利率低并且征收利息税,农村领域又缺乏国债等证券投资渠道,使得数量巨大的民间资本持有者或资金盈余者受利益驱动而成为非正规金融的供给者或中介人;[②]从金融政策根源看,我国政府一直通过农村正规金融向农村提供廉价的贴息贷款。由于贷款管理的落后和贷款配给的错误,使得大量正规金融机构的优惠贷款主要转向较富裕农户或者被用于消费,该政策并未取得预期效果,反而扭曲了农村正规金融资源的配置,[③]收入较低农户的信贷需求仍然要通过非正规金融得以满足。

对于农村非正规金融理论界基本达成两点共识:

第一,非正规金融在满足农村多样化的资金需求,促进农民消费、投资以及应对风险上都有无法替代的作用,是正规金融的有益补充。在当前发展中国家的正规金融体系还未十分健全和发达、现代的金融机构尚未惠及许多农村地区的情况下,非正规金融充分地开发和利用了信息、关系、社区法则等各种社会资源,从而化解因资源稀缺和信息不对称性带来的制约,放松农民的融资约束,不失为一种次优的选择。

第二,农村非正规金融对农业增长、农村发展和农民增收具有积极作用,不仅有利于农民建立现代信用观念——资金的有偿使用和增值收益,还可以弥补正规金融供给的不足,促进民营经济的发展,实现农村储蓄投资转化机制的顺利运行,但必须规范和引导非正规金融的发展,一方面有必要对目前民间自生自灭的各种非正规金融严格监管,限制和取缔不正常的非正规金融活动;另一方面积极鼓励正常的非正规金融活动,承认其合法性,降低金融市场的准入门槛,使具有一定规模和管理制度的非正规金融组织浮出水面,以竞争推

---

① 杜朝运、许文彬:《制度变迁背景下非正规金融成因及出路初探》,载《福建论坛(经济社会版)》1999 年第 3 期。

② 郭沛:《中国农村非正规金融规模估算》,载《中国农村观察》2004 年第 2 期。

③ 吴国宝:《扶贫贴息贷款政策讨论》,载《中国农村观察》1997 年第 4 期。

动农村金融机构的可持续发展。

（2）正规金融和非正规金融的优劣之争

农村金融的正规金融代表首推农村信用社。从金融交易成本的角度来说，农村信用社作为农村金融市场的"主力军"。它在信息和监督方面比商业银行具有绝对成本优势。信用社能适应农户分散的、多样化的融资需求，特别是低廉的管理监督费用和微不足道的信息费用使农村信用社在面对微小利差的小额贷款时也能游刃有余。① 然而农村信用社的改革常常拖泥带水，往往会受到行政干预，结果使它既不是真正的合作金融机构，又不能如愿以偿地成为真正的商业银行。②

34

首先，农村信用社的产权不明晰。信用社初始产权的确立就是政府主导下的社员非自愿入股，当时农民不知合作为"合作"，只是心怀着对政府的信任入股农村信用社，是政府代替了农民的选择。社员对他们出资组建的信用合作社只有名义上的产权归属关系，而实际产权的所有者是国家或集体——这一集体也并非全体社员组成的集体，而是一个以地方政府为主体的比较含糊的集体。由此可见，全体社员作为产权主体的地位事实上被架空，他们本该享有的权利绝大多数都名存实亡。③

其次，农村信用社的治理结构不完善。从上述得知农村信用社的"主人"做不了主，当然"三会"（社员代表大会、理事会和监事会）也只是徒有虚名。社员民主管理从内容到形式上已基本不存在，社员们极少参加社员代表大会，理事会也从来不把经营管理过程中的重大事项向社员代表大会汇报，两者之间形成严重的信息不对称，选出来的理事会，农民们不满意，只是一个空架子而已。监事会更加无

---

① 岳志：《从金融交易成本看合作金融制度的效率》，载《财经科学》2001 年第 6 期。

② 阎庆民、向恒：《农村合作金融产权制度改革研究》，载《金融研究》2001 年第 7 期。

③ 王家传、朱永德：《农村合作金融改革与发展问题探讨》，载《农村经济问题》2000 年第 7 期。

足轻重。由于这些原因,就出现了某些农村信用社的"内部人控制"问题相当严重,自上而下的金融改革往往遭遇到农村信用社内部的抵制,使得改革始终停留在文件和口头上。①

再次,农村信用社的金融产品设计与农村当前经济发展水平不相适应。由于农民缺乏抵押物,他们所认为价值高昂的房子、土地在农村信用社看来,不是不能抵押就是不值抵押,所以拒绝把资金贷给农民。此外,由于农业生产投资固有的长期性、高风险性和低营利性,与已经商业化的农村信用社所追求的资本安全性、流动性和营利性的"三性"要求相悖,②更加加剧了农民还款的风险性,作为作为农村信用社自然缺乏把资金贷给农民的积极性。

最后,农村信用社的功能早已背离合作制发生异化。长期以来,农村信用社实际上就是带有行政色彩的官办"二农行",其合作金融的"自愿、互助、互利、民主和低营利性"等性质体现得不多。③ 尽管农村信用社的机构网络基本覆盖了所有农村区域,但其贷款结构表现出日趋严重的"非农化"和"城市化"倾向,直接削弱了其有效提供金融服务的能力。④ 农村信用社存在着明显的非自愿性、非互助性、非合作性倾向,背离了合作金融的基本原则,现存的信用社只是保留合作之名、行商业银行之实,早已不是真正意义上的合作制组织。⑤

总之,农村信用社的改革仍然困难重重,所有这些问题都应该为我们敲响警钟。同样,类似的问题也有可能存在于制度外的民间金融组织之中。然而,与农村信用社相比,制度外的民间金融又有哪些优势值得发扬呢?

35

---

① 徐滇庆:《农村金融改革与民营银行》,载《当代财经》2004年第9期。

② 周立:《农村金融市场四大问题及其演化逻辑》,载《财贸经济》2007年第2期。

③ 杜晓山:《农村金融体系框架,农村信用社改革和小额贷款》,载《中国农村经济》2002年第8期。

④ 郭晓鸣、雷晓明:《中国农村金融体制改革与评价》,载《经济学家》1998年第5期。

⑤ 王家传、朱永德:《农村合作金融改革与发展问题探讨》,载《农村经济问题》2000年第7期。

民间金融组织有着自己的演进逻辑,①是一种诱致性的制度变迁过程,它与20世纪50年代初我国农村信用社合作制的强制性制度变迁完全不同,二者显著的差别是,诱致性制度变迁从需求出发;而强制性制度变迁往往是从供给角度出发的,因而通常会出现现实与需求脱节的现象,这是强制性制度变迁本身难以克服的缺陷。②诱致性制度变迁多产生的民间资金互助,不仅使农户获得了资金服务,满足了小额、分散的资金需求,填补了农村正规金融的不足,更重要的是农户有了负债意识、正确的金融意识,培育了农村信用文化,改善了农村金融生态。同时还有利于引导那些地下的民间金融活动走出来,走向组织化之路。③ 它成为农村正规金融机构向中低收入群体提供金融服务的载体。

36

对于制度外金融的劣势,不少学者认为,制度外的民间金融组织难以摆脱关系"网络"的束缚。由于民间合作金融组织通常基于当地血缘、地缘、亲缘等关系而建立,也正是这个"网络"的存在,降低了社区内其他非"网络"农户的参与积极性,使其只能在固定的"网络"规模内自循环,这是这类组织难以进一步发展壮大和部分资金互助组织难以维系的根本原因。④ 在现实中虽然民间借贷活动活跃,但其借贷行为很不规范,由于缺乏金融监管,运作起来容易产生经济纠纷,从而对农村社会的安定产生一定影响。加之政府出于维护金融秩序的目的,政府与金融监管当局对防范、打击、清理高利贷和地下钱庄等比较重视,民间金融活动面临着生存危机。

总之,无论是制度性金融还是非制度性金融,它们都各有利弊,

---

① 即当正规金融供给不足时,民间内自发金融创新,产生一种非正式制度安排的资金互助组织,最终被政府承认、加以总结和规范、以法律或规章等方式固定下来,并加以推广。

② 何广文:《农村资金互助合作机制及其绩效阐释》,载《理论探索》2007年第4期。

③ 霍学喜、屈小博:《西部传统农业区域农户资金借贷需求与供给分析——对陕西渭北地区农户资金借贷的调查与思考》,载《中国农村经济》2005年第8期。

④ 何广文:《农村资金互助合作机制及其绩效阐释》,载《理论探索》2007年第4期。

最重要的是要依据当地经济发展情况,考虑农民的现实需求来设计金融模式,做到因地制宜,避免搞"一刀切"。农村信用社改革既然确定其商业化经营方向,就必须引入竞争来真正提高其产品、服务创新和风险管理能力;反之,如果依然保持垄断,则这种垄断必须是自发形成的非营利合作制金融形式,可以确保社员自愿、自发参与某种合作,面对的是"大锅饭"激励,享受的是融资便利。① 所以,要一切从实际出发,一切以当地需求为重。

2.2.4 对新型合作金融组织——农民资金互助组织的研究

当前我国农村金融体系远不能满足农村经济发展需求,农村建设资金供求缺口逐年扩大,大力发展合作金融成为当务之急。事实证明,通过强制性的农村信用社合作制改革来满足农村金融需求的可行性不高,因此必须打破原有的农村金融体系,因地制宜地发展新型农村合作金融机构。②

37

在有关农民资金互助组织界定的文献中,国内学者的认识基本一致,其关键词是:自愿、民主、互助。农民资金互助组织是农村经济发展到一定阶段,农民为获取低成本融资和其他便利服务,在遵循现代国际合作社准则基础上自主发起,实行自愿出资、自我服务、民主控制、相互合作的新型民间金融组织形式。胡秋灵、刘伟也认为,农民资金互助社是具有共同贷款需求的农民自发成立的,按照资本入股、民主管理、互助互利的原则,在入股社员范围内开展借贷业务、不和非社员发生存贷关系的新型金融组织。③

关于农民资金互助组织产生与发展的必要性,中国农业大学何

---

① 陆磊、丁俊峰:《中国农村合作金融转型的理论分析》,载《金融研究》2006 年第 6 期。
② 王彬:《中国合作金融功能异化与重构》,载《华东理工大学学报(社会科学版)》2008 年第 2 期。
③ 胡秋灵、刘伟:《西部地区发展资金互助社的困境及破解路径》,载《河南金融干部学院学报》2009 年第 1 期。

慧丽博士利用在河南兰考挂职锻炼的条件,对兰考的资金互助组织进行了较长期的考察后认为,农民资金互助社是一个建立在村民相互信任基础上的有规模的组织,发展农民资金互助社是有效进行新农村建设的一项重要举措。① 尽管有些资金互助组织是外来力量催生的,但它本质上还是自发生成的纯民间性质的金融合作组织。它们成立的背景是国有金融机构全面退出农村金融市场,农村信用社合作制改革无望,农村金融抑制愈发严重,资金需求旺盛与资金供给不足,正规的金融制度供给严重滞后。这些"草根性质、内生性质的合作金融组织"的有效运行是建立在农村特有的熟人社会的基础之上的,是以地缘、血缘、亲缘为基础的传统道德为主要约束力的。它们很好地解决了令各大商业银行头痛的信息不对称和运行成本过高的问题,使理性人判断下的逆向选择和道德风险在实际的熟人社会里变得微不足道。② 姜柏林认为,农村资金互助社存在和发展是市场经济发展的必然结果,是深化农村金融改革的必然选择,是提高农民组织化推动农村全面建设的必然要求。③

当前,我国金融的突出问题表现在,中西部农村地区金融供给不足和农村居民特别是中低收入农户的金融供给不足。一方面造成资金外流严重,存款不断转移到城市和东部地区;另一方面农民缺乏融资渠道,农村金融服务供求不平衡、效率不高,基层金融机构缺乏有效竞争。姜柏林进一步指出,农村金融的瓶颈不是商业金融不足,而是以农民为主体的合作金融组织缺失。④ 这一方面造成农户受到商业资本的利润挤压,另一方面又使农户因借贷来源不稳定,可能随时面临资金链条中断的风险。因此,需要重新认识农村合作金融的功

---

① 曹晖、田文玲:《兰考农民资金互助合作的几种实验》,载《中国老区建设》2009 年第 9 期。

② 潘林、张德元、徐亮:《农民资金互助合作组织的调查分析》,载《郑州航空工业管理学院学报》2009 年第 9 期。

③ 张艳华:《关注农民资金互助合作组织的发展》,载《中国金融》2007 年第 11 期。

④ 姜柏林:《农村资金互助社融资难题待解》,载《银行家》2008 年第 5 期。

能和作用,把"发展农村资金互助社"作为推进农村金融改革的核心工作,作为促进农村经济体自我循环和发展的关键制度安排。杜晓山也认为,国际经验表明,在许多发达国家,合作金融依然是各国金融业中不可或缺的重要组成部分。合作金融的必要性和生存、发展的空间就在于弱势群体可以通过团体合作、资金联合的方式实现互助,解决单个社员不易解决的经济问题。因此,完全有必要发育一大批农民自己的真正意义上的农村信用合作组织,以填补由于国有银行在农村地区收缩和现有农村信用社改造、撤并所造成的合作金融服务空白和断层。[①]

关于农村资金互助社的运行机制与内在优势,刘宛晨指出,农村资金互助社是一种内生于农村经济、具有真正合作制原则的新型金融机构,它与生俱来就有制度上的优势。[②] 冯兴元也认为,与农村正规金融相比,农村资金互助社等民间合作金融组织的发展和创新一直奉行需求跟进战略,供求双方信息对称度高,易于满足农村金融服务需求,从而成为最具有内生性的金融领域,能够显示出顽强的生命力。[③]

与农村信用社相比,农村资金互助组织优势体现在:一是借贷具有地缘、血缘、亲缘优势,社员之间知根知底,借贷双方信息极为透明,不存在信息不对称问题;二是借贷手续比较简便,没有僵化的规章制度,一般不需要或具有相对灵活的抵押、担保或质押等,能够及时满足农户小额的、比较频繁的信贷需求;三是由于农村资金互助社对社员相当熟悉,不会存在额外审查贷款者信用、贷款用途及还款能力等所产生的成本,所以交易成本很低;四是农户世代聚居在一起,相互熟悉,加之乡规乡俗和面子问题的约束大大减少了道德风险,同

① 杜晓山:《农村金融体系框架,农村信用社改革和小额贷款》,载《中国农村经济》2002 年第 8 期。

② 刘宛晨、段泽宇:《完善农村资金互助社以满足农户信贷需求》,载《财经理论与实践》2008 年第 5 期。

③ 冯兴元、何梦笔、何广文:《试论中国农村金融的多元化——一种局部知识范式视角》,载《中国农村观察》2004 年第 5 期。

时也降低了监督管理成本;五是借贷关系集中于一个固定的狭小地域范围,借款群体相对固定,互助社可以根据其社员对资金需求的缓急以较低的利率重复发放贷款,在满足农户资金需求的同时也降低了其借贷成本。①

　　农村资金互助组织是适合农村经济发展的基本金融组织形式,它的培育和壮大将在提供农村金融服务、发展农业经济、增加农民收入中起到十分关键的作用。发展农民互助合作金融,能够完善农村统分结合经营体制;能够促进生产关系的调整和生成;能够促进农民生产合作向专业化、工业化和现代化发展;能够使国家财政和政策金融通过农民自己的组织进行传导,发挥国家引导农村经济发展作用;有利于建立以国家政策金融支持和引导、农民互助合作金融为基础和商业金融互为竞争的农村金融体系的建立。② 但是,鉴于过去政府体制内的信用社改制为地方商业金融机构之后与农民这个最大弱势群体内部化的合作金融性质上存在根本不同,温铁军强调,农村资金互助合作金融的构建,首先必须在符合国际通行的合作社基本原则的制度框架内建章立制,必须由生活在村舍之中的农民作为主体形成治理结构。其次应按照村民自治原则自主开发服务"三农"的各种信用工具,并直接与国家支农投资或政策金融对接。③ 只有这样,才能逐步创造条件,体现中国政府对我国人口大多数农民负责的"普遍服务"原则。④

---

① 韩俊:《农村金融体系、农村合作组织需在建设中破题》,载《农村·农业·农民(B版)》2006年第7期。孙开功:《大力发展农村互助金融组织》,载《科技致富向导》2009年第8期。

② 姜柏林:《发展农村资金互助社,提高农民信用组织化》,载《银行家》2009年第1期。

③ 温铁军、姜柏林:《把合作金融还给农民——重构服务三农的农村金融体系的建议》,载《农村金融研究》2007年第1期。

④ 周立:《农村金融市场四大问题及其演化逻辑》,载《财贸经济》2007年第2期。

3. 理论框架——一个关于农户
金融合作行为的理论假说

3.1 基本假设

　　一般而言,一个完整系统的理论框架,其中一个重要的构成要素就是要提出相关的理论假定,设定自己的分析前提。设定恰当的理论假定和分析前提,一是可以明确研究的理论背景,确定其是在一个什么样的理论传统内讨论问题;二是可以据此划定分析的范围,提出本项研究所要解答的问题;三是可以据此选择分析的工具和方法。因此,只有在前提设定的基础上,才能建立自己的分析模型,开展自己的逻辑推演和理论分析。

　　对于理论假定,历来存在着弗里德曼意义上的工具主义与萨缪尔森意义上的描述主义之分。弗里德曼认为理论假定的现实性问题应当以他们产生的预言的准确性来衡量,至于这种假定和预言有没有现实基础并不重要。他说:"一般说来,某一理论越是杰出,那么它的'假设'就越是超脱现实。……如果一假说能够从它旨在解释的那一现象周围的大量复杂且详尽的情况中,抽象出共同且关键的因素,并能保证仅在这些有限资料的基础上做出合理的预测,那么,这一假说就是意义重大的。"①而萨缪尔森则强调理论假定的现实性。事实上,理论假定是它们两者的一种整合。也就是说,理论假定是一个既有现实性又有非现实性的二重性质的范畴。正如物理学中的运动学,只有当假定存在一个"无摩擦"的世界,才能揭示物体运动的本

41

---

① M. Friedman,"The Methodology of Positive Economics", *in Essays in Positive Journal Economics*, Chicago:University of Chicago Press,1953,pp. 3~43.

质,正确地反映物体运动的规律。同样,经济学的理性假定,一方面反映了人类行为中自利的本质与事实,同时也舍去了某些利他的事实和现象。因此,在做出假定时,既不能损害现实性,又不能简单地再现现实,只有这样,才能使提出的假定成为理论分析的基本前提。理论假定的关键取决于研究者所设定的假设是否有助于认识客观事物的本质规律。

3.1.1 国家的理性假定

制度变迁理论对经济学的一大贡献就是提出并坚持了国家理性假定。在这里,国家同时包含了中央政府的因素。国家的理性假定指的是,国家具有自己的偏好效用函数。在制度变迁过程中,国家总是在计算成本与收益。具体而言,在面对金融制度变迁与界定有效率的金融产权形式时,国家仅仅在可使其租金达到最大化的范围内才会主动加以推行。在制度变迁过程中,使国家拥有一个什么样的收益成本结构十分重要。金融因素相对价格的变化与相对重要性的改变,会导致国家对金融制度变迁所持态度的转变(是鼓励合作金融制度还是限制合作金融制度)。当合作金融制度所带来的收益远大于国家推行这一制度所带来的成本时,合作金融制度的创新才可能得到国家的鼓励和支持。也就是说,国家总是力图保护和支持一个有利于自身租金最大化的金融产权形式。

由于中国合作金融制度的产生和变迁始终具有自发性与国家控制共生的特点,并以国家的好恶为背景与起点,因此,考察国家的成本收益结构的变化就显得十分重要。如果更有效率的新型金融产权形式的出现,使得国家在这一变迁过程中的收益大于其进行控制可能的成本,国家就可能容忍其发展,进而可能采取积极支持的态度。同样,如果我们认定制度变迁本身会内生出大量提高国家控制金融的成本因素,那么,相对无效率的金融产权形式将受到外部的竞争压力与生存威胁,这时,国家面临的将是或者退出竞争或者被迫变更金融产权结构,以使社会交易费用降低从而增进金融资源配置效率的选择。由此可以解释,为什么国家从一开始要千方百计地对其他金融产权形式进行限制,因为一旦其他金融产权形式有了发展,就会改变人们金融选择的机会成本。不难看出,只有在国家理性的假定下才能有效地描述中国农村合作金融制度变迁的故事。

3.1.2 地方政府行为假定

公共选择理论认为,在初级政治市场上,政治家把政策"卖"给选民,选民则为政治家支付选票;在政策供给市场上,官员为了实现当选政府的政策目标将提供不同的行政手段;在政策执行市场上,主要分析政策执行结果及其影响。本书按照这个思路,结合中国的实际对地方政府的行为做出假定。

近代中国地方政治市场中,一直都是上级政府对下级政府行政首脑的任免具有决定性发言权。因此,根据公共选择理论中利益集团、立法者联盟和行政机构的"铁三角"划分[①],本书将中国现实中的"铁三角"分为地方政府、上级政府(替代立法者联盟)和微观主体(替代利益集团)三个组成部分。

根据分析需要,本书中的微观主体主要指农民和农户,其效用函数为效用最大化,同时也追求市场自由和机会最大化。上级政府指某级地方政府的上级主管行政机构,当然也可能是中央政府。

地方政府主要指中国省级或省级以下各级政府组织和行政主体。由于上级政府在地方政府首脑的任命上拥有比较大的发言权,并且目前经济增长速度和税收的数量是考察地方政府干部的主要标准之一,对于其首脑而言,上级政府的满意类似于西方政治家眼中选民的选票,是决定性的。因此,地方政府有比较强的政绩显示需求。地方政府首脑竭力通过各种措施(包括积极扶持辖区农民和农户,以争取上级支持和优惠政策,以及制度创新等旨在发展地方经济的政府行为)进行政绩显示,以期获得上级政府的认可,就成为其理性的选择。

---

① Alan Peacock, *Public Expenditure and Government Growth*, Oxford: Basil Blackwell Inc., 1985, pp. 13~36.

　　当然微观主体的满意程度同样对地方政府具有重要意义。在正常情况下,辖区微观主体的"经济投票"只有通过政绩显示机制,转化为上级政府的"政治投票",地方政府首脑才能得到连任或升迁。因此,地方经济发展和税收增长有较强的约束,这些因素能够间接转变为上级政府以及辖区居民的"满意",才可能达到地方政府的最终目标。这样,地方政府就具有双重性质,它既是上层结构的组成部分,具有管制功能;又与其所辖地区的下层结构的经济利益紧密相关,具有很强的经济社会功能。正是由于地方政府的这种双重功能,因此,在制度变迁中,地方政府自然成为上层结构与下层结构的中介,①成为沟通上层结构的制度供给意愿与下层结构的制度创新需求的中间环节,使其有可能突破上层结构设置的制度创新壁垒,从而使上层结构的租金最大化与有效率的产权结构之间达成一致。②

3.1.3 农民与农户行为假定

　　研究中国的农村合作金融制度变迁一定离不开对小农家庭这个最基本单位的认识,只有了解了小农家庭的各种动机、需求与偏好(包括金融偏好),只有清楚地界定了其行为,才有可能进一步分析由农户组合而成的农村合作金融组织,我们才能准确而合理地刻画中国农村合作金融制度的图景,从而提出切实可行的推动中国农村合作金融制度改革的政策建议。

　　那么,如何看待农户?从理论史的角度考察,研究农户行为的经典文献可以划分为两类,一类强调小农的理性动机,另一类则坚持小农的生存逻辑。

　　诺贝尔经济学奖获得者 T. W. 舒尔茨是持"理性小农"看法的代表。他认为,农户相当于资本主义市场经济中的企业单位,农民比起任何资本主义企业家来毫不逊色,所以,改造传统农业的出路在于激

---

① 张杰:《中国金融制度的结构与变迁》,山东经济出版社 1998 年版,第 14 页。
② 杨瑞龙:《我国制度变迁方式转换的三阶段论——兼论地方政府的制度创新行为》,载《经济研究》1998 年第 1 期。

44

励农民为追求利润而创新的行为。[1] 另一个学者 S. 波普金也认为,小农无论是在市场领域还是政治社会活动中,都更倾向于按理性的投资者原则行事。[2] 由于以上两位学者的观点十分接近,因此,人们将其概括为"舒尔茨—波普金命题"。这一命题实际上强调了,对于农户或者小农,只要为他们提供"现代市场要素"和创造外部市场条件,农户就会自觉出现"进取精神",并合理使用和有效配置他们掌握的土地、资金等资源。

苏联学者柴雅诺夫为代表的学派认为小农的生产目的以满足家庭消费为主,其产品也主要是为了自身消费而不是追求利润,等同于自给自足的自然经济。它追求生产的最低风险而非利益最大化,当家庭需要得以满足,就缺乏增加生产投入的动力机制;只要家庭消费(或生存)需要没有得到满足,就依然会接着投入劳动力,不论此时的边际收益是否已经低于市场工资。因而小农经济是保守的、落后的、非理性的低效率经济组织。他认为,小农的行为不同于资产拥有者,因为他不雇佣劳动,难以计算成本收益;在这种情况下,小农的最优化选择就取决于自身的消费满足与劳动辛苦程度之间的均衡,而不是成本收益间的比较。

小农经济的发展方式具有特殊性,它既非集体化,也非市场化,而是小型合作化。实际上,这一结论在一般经济层面已经得到很好的经验检验,同时,它对我们有关农村合作金融制度问题的讨论也具有相当的启示意义。[3]

美国经济学家 J. 斯科特承袭了柴雅诺夫的观点,通过案例分析进一步扩展了上述逻辑,明确提出著名的"道义小农"命题。在斯科

45

---

① [美]舒尔茨著,梁小民译:《改造传统农业》,商务印书馆 1987 年版,第 23 页。

② Popkin. S. , *The Rational Peasant：The Political Economy of Rural Society in Vietnam*, Berkeley：University of California Press, 1979, pp. 34～67.

③ Chayanov, A. V. (1966), "On the Theory of Non-capitalist Economic Systems", in Daniel Rhorner, Basile Kerblay, and R. E. F. Smith, eds. , *A. V. Chayanov on the Theory of Peasant Economic*, Homewood, Ⅲ, Richard D. Irwin, Inc. , pp. 1～28.

特看来,小农经济坚守的是"安全第一"的原则,具有强烈生存取向的农民宁可选择避免经济灾难,而不会冒险追求平均收益的最大化。或者说,他们宁愿选择回报较低但较为稳妥的策略,而不选择为较高回报去冒风险。[①] 实际上,斯科特所揭示的这一"生存伦理"构成前资本主义农业秩序中诸多技术、社会和道德安排的基础,农村金融安排自然也在其中。这样,J. 斯科特就构建起了具有逻辑一致性和完整性的"道义小农"命题。

此外,学者黄宗智在对前述两大小农命题审视和评判的基础上,针对中国农户的独特性提出了著名的"拐杖逻辑"。他认为在中国一个农户家庭不可能解雇多余的劳动力,因而中国的小农经济中多余的农村劳动力无法分离出来成为一个新的"无产—雇佣"阶层,而只能继续附着在小农经济之上。因此,农户或农民对土地的依赖或者说眷恋,并非只是出于经济收入的考虑。对于他们而言,寄托于土地的东西太多太多。经济收益可以寻找替代物,但渗入农业和土地的其他传统、文化、尊严与情感,则难以割舍和替代。于是即使进城务工取得收入也仅仅是家庭的某种补充("拐杖")而不是替代。对于这种情形,黄宗智将其形象地概括为中国小农经济的"拐杖逻辑"[②]。

我国学者郑风田博士研究了"理性小农"和"道义小农"两种理论的缺陷,吸收了西蒙的有限理性假说和新制度经济学派的制度变迁理论,提出了小农经济的制度理性假说,认为不同制度下,农民的理性有异质性:完全自给自足的制度下,农民的理性是家庭效用为最高;在完全商品经济的市场制度下,小农行为追求利润最大化,是理性的"经济人"行为;而在半自给自足的制度下,小农既为家庭生产又为社会生产,此时的农民理性行为具有双重性,不同制度变迁的结果使小农的理性行为也发生变化。[③]

---

① [美]詹姆斯·C. 斯科特著,程立显、李建等译:《农民的道义经济学:东南亚的反叛与生存》,译林出版社 2001 年版,第 15 页。

② [美]黄宗智:《华北的小农经济与社会变迁》,中华书局 2000 年版,第 4~7 页。

③ 郑风田:《制度变迁与中国农民经济行为》,中国农业出版社 2000 年版,第 10 页。

实际上,无论是从"理性小农"视角还是从"道义小农"视角来考察中国农村经济和金融,得出的结论都难免简单化。如果按照"理性小农"命题,中国的农户被确认为是富于理性的小农,那么就没有必要单独为其设计一套农村金融制度安排,而只需将现代经济的金融体系直接移植到农村,为农户提供金融服务即可,换句话说,商业化的金融体系同样适用于农村地区;如果按照"道义小农"命题,中国的农户如能被确认为是生存取向的,不会冒险追求利润最大化,那么农村地区商业化的金融安排就失去了存在的基础,而合作制的金融安排则是恰当的。而完全认同黄宗智的"拐杖逻辑",则无法解释近代以来中国城市人口比例大幅增加的现实,事实上,中国城市人口比例的提升在很大程度上是农村人口转化的结果。因此,制度理性假说对农户假定似乎更具解释力,因为中国现实的状况是经济发展的不平衡性导致,既存在市场经济相对高度发达的地区,又存在经济落后地区;在不同的区域农户的经济状况存在很大差异,很难用一个统一的理论命题界定农户的经济金融行为,也就是说,必须根据制度环境的差异有区别地界定农户的经济金融行为。

3.2 农户金融合作行为分析

3.2.1 农户融资需求分析

在上述假定前提下,本书从农户的需求出发,首先从一个假定的相对封闭的村落中某个单个农户的分析入手,然后逐步放宽限制性条件,完整地讲述一个农户在不存在金融合作与存在金融合作情况下根据需求进行决策的故事。

假定:①村落内农户间的产权关系是清晰的;②村落处于相对封闭状态,农户间的相关信息是完全的;③村落中的农户处于自给自足经济状态,没有内部交易市场,主要通过销售自己生产的产品与外部发生联系,并取得货币性收入;④在资金的借贷上,村落内部借贷的利率为零①,但没有资金融通的内部组织,农户如果通过外部获得借贷资金则以高利贷方式取得;⑤消费既包括生活消费也包括生产消费。

就单个农户而言,如果不考虑预防可能发生预料之外的支出,那么假定其在 t 期的消费为 c_t,其在该时期的效用函数为 $u(c_t)$(一阶导大于 0,二阶导小于 0),设其中 $t=1,2,3,\cdots,T$,不考虑贴现问题,则该农户家庭在所有时期的全部效用为(普兰纳布·巴德汉等,2002):

$$U = \sum_{t=1}^{T} u(c_t) \qquad (1)$$

该农户家庭所面临的预算约束为:

$$\sum_{t=1}^{T} c_t = \sum_{t=1}^{T} y_t \qquad (2)$$

其中 $y_t > 0$ 表示各个时期的收入。那么实现家庭跨时期效用最大化所需要的条件是:对于任何时期,有:

$$\frac{du_t}{dc_t} = \frac{du_{t+1}}{dc_{t+1}} \qquad (3)$$

、这就意味着该农户需要通过收入的跨时期转移,实现各期的边际效用相等,并根据效用函数状况在家庭的各个时期进行合理分配,从而避免在某些时期生活因为支出或收入的波动而陷入困境。②

上述分析说明在假定不发生预料之外支出的前提下,农户需要采取两种方式来平滑其支出大于收入状况的出现,或是用过去的结余,或是用将来的收益来平滑当期实际发生净支出。然而,如果从现实和风险防范的角度考察,在自给自足的简单再生产状态下,由于收入和支出在时间上的不确定性,一个家庭无法保证在某一时期的货

---

① 这是由于在村落内部借贷主要发生在亲属及有密切交往的朋友之间,碍于亲情关系以及对传统的价值观的认同,故发生在村落内部的借贷通常是无息的。这方面的论述可参见张杰:《农户、国家与中国农贷制度:一个长期视角》,载《货币金融评论》2004 年第 6 期。

② 马小勇:《中国农户的风险规避行为及其政策含义》,载《中国软科学》2006 年第 2 期。

币性支出与实际预料的完全一致,并不能排除实际支出超出实际收入或发生不测情况的出现,以致临时需要资金的可能性,因此,即使预期收入与支出相抵,也必须保留一定的预防性资金。

主要有三个因素影响农户预防性资金的数量:一是非流动性成本;二是农户持有预防性资金的机会成本;三是收入和支出的平均变化情况。其中非流动性成本是指由于农户没有准备某一支付期内必须支付现金而造成的严重后果。当农户因缺乏现金而无法应付支付义务时,就有三种可能:①陷入经济困境不得不变卖家产甚至破产而举家外出乞讨,此时非流动性成本是非常高的;②如果这时能从村落内部获得借贷资金则可能帮助该农户渡过难关,然而这取决于能够在多大程度上从村落内部取得借贷资金,即使能够获得借款,在数量上并不一定能够完全满足农户的实际需要,而且实际隐含着一种人情成本;③从村落外部借入资金,但需要支付高昂的利息。由于第一种情况的成本极其高昂,因此,从理性的角度出发,我们将后两种情况及其结合作为理论分析的一般情况。

49

首先讨论不存在外部融资,农户仅从内部借贷资金的情况。假如农户完全从内部取得借贷资金,这时的成本包括两项:农户持有预防性资金的机会成本和由于没有或较少持有预防性资金而不得不从内部取借贷资金,所造成的非流动性成本。假设以 F_1 代表农户预期的总成本,则第一项成本为农户持有预防性资金的机会成本 $i \cdot G$,其中 G 表示农户持有预防性资金的余额,i 代表该农户使用资金 G 从事生产性消费或生活性消费而能够获得收益的比率;第二项成本为农户由于没有持有预防性资金,而不得不借贷可能发生的成本 $k \cdot G$,其中 k 表示农户从内部取得资金需要支付的人情成本系数,所以人情成本为 $k \cdot G$。需要指出:人情成本不仅在借贷过程中存在,而且在现实生活中的其他方面也存在;不仅存在于农村,而且也存在于城市。一个简单的例子就是,20 世纪 90 年代以前在我国城市里每当遇到住房调整而需要搬家时,由于当时不存在搬家公司一类的服务性机构,所以,当一个家庭遇到搬家一类的问题就不得不求助于亲朋好友,虽然求助亲友不需要支付名义费用,但实际上却要支付诸如请帮忙的人吃饭或送礼品一类的人情成本,其成本的估计值应当就是搬家公司的收入,这里人情成本系数的大小相当于搬家公司的收益率。如果以 P 代表净支出大于预防性资金持有量时 $(N > G)$ 的概率,以 Q 代表净支出发生的标准差。这样就有:

$$F_1 = i \cdot G + k \cdot G \cdot P \qquad (4)$$

接下来讨论第二种情况(即仅从外部借取高利贷的情况):假如农户完全从外部取得借贷资金,这时的成本包括:农户持有预防性资金的机会成本 $i \cdot G$,以及农户由于没有持有预防性资金,而必须从外部借贷可能发生的成本 $r \cdot G$,其中 r 表示农户从外部取得资金必须支付的高利贷利率,故该项成本为 $r \cdot G$;同样以 P 代表净支出大于预防性资金持有量时 $(N > G)$ 的概率,以 Q 代表净支出发生的标准差。这样就有:

$$F_2 = i \cdot G + r \cdot G \cdot P \qquad (5)$$

对于支出超过农户的净支出所发生概率的估计,可以根据契比晓夫不等式做出。

根据契比晓夫不等式 $P\{|\xi - E\xi| \geqslant k\sigma(\xi)\} \leqslant \dfrac{1}{k^2}$(其中 k 为任意大于 0 的值),由于我们假设 $E\xi$ 为 0,具体到我们讨论的实际问题时,就有:

$$P\left(|N| > G = \frac{G}{Q} \cdot Q\right) \leqslant \frac{1}{\left(\frac{G}{Q}\right)^2} = \frac{Q^2}{G^2} \qquad (6)$$

若将式(6)代入式(4),就有:

$$F_1 = i \cdot G + k \cdot \frac{Q^2}{G} \qquad (7)$$

显然,如果农户持有较多的预防性资金,一方面可以降低人情成本,另一方面却可能提高持有预防性资金的机会成本;反之,如果较少持有预防性资金,虽然可以降低机会成本,却提高了人情成本。所以,要使成本 F_1 最小,就得使式(6)一阶导数为零,于是就有:

$$\frac{dF_1}{dG} = i - \frac{kQ^2}{G^2} = 0 \qquad (8)$$

故最佳的预防性资金 G_1 为：$G_1 = \sqrt{\dfrac{kQ^2}{i}}$ （9）

式（9）表明，在仅存在内部借贷而不存在外部借贷的情况下，该农户最佳的预防性资金在数量上受三方面因素的影响：一是从内部取得资金时的人情成本系数 k；二是持有预防性资金的机会成本；三是发生净支出的方差 Q^2。如果该农户从内部取得资金的人情成本系数越大，其需要预留的预防性资金数量就越大，反之则较小；持有预防性资金的机会成本越高，该农户需要预留的预防性资金数量就应当越少，反之则较多。而净支出方差反映了农户出现支出大于收入状况的风险程度，风险越大应当持有的预防性资金就应当越多，相反则越少。

同理可知，在不存在内部借贷而仅存在外部高利贷的情况下，农户的最佳预防性资金数量就应当是：

$$G_2 = \sqrt{\dfrac{rQ^2}{i}} \qquad (10)$$

式（10）表明，在仅存在外部借贷而不存在内部借贷的情况下，该农户最佳的预防性资金在数量上受三方面因素的影响：一是从外部取得资金时的高利贷利率；另两项影响因素同内部借贷。如果该农户从外部取得资金的高利贷利率越高，其需要预留的预防性资金数量就越大，反之则较小；而另两项的作用方向同前。

更重要的是当发生非流动性障碍而不得不借贷时，农户通常从内部借贷往往难以满足其资金需求，更一般的情况可能是既从内部借贷也从外部借贷。

这样，农户借贷成本的更一般的表达式就应当是：

$$
\begin{aligned}
F &= i \cdot G + (1 - \alpha)k \cdot G \cdot P + \alpha \cdot r \cdot G \cdot P \\
&= i \cdot G + (k - \alpha \cdot k + \alpha \cdot r)G \cdot P \\
&= i \cdot G + (k - \alpha \cdot k + \alpha \cdot r)\dfrac{Q^2}{G}
\end{aligned} \qquad (11)
$$

式（11）中 α 代表农户从外部借贷资金的比例，所以更一般地，农户的最佳预防性资金在数量上就应当是：

$$G = \sqrt{\frac{(k - \alpha \cdot k + \alpha \cdot r) Q^2}{i}} \tag{12}$$

当 $\alpha = 0$ 时,即为式(9)中 G_1 的情况;当 $\alpha = 1$ 时,即为式(10)中 G_2 的情况。

在不进行金融合作的情形下,我们把这种预防性的资金要求扩展到整个村落中的 N 户家庭时,就有:

$$\sum_{n=1}^{N} G = \sum_{n=1}^{N} \sqrt{\frac{(k - \alpha \cdot k + \alpha \cdot r) Q^2}{i}} \tag{13}$$

显然,这样并不经济。假如村落内部实行金融合作,集中各户的预防性资金,分担其中确已发生流动性风险家庭的困难,则整个村落的预防性资金总量就可以减少为 $\lambda \sum_{n=1}^{N} G$(其中 $0 < \lambda < 1$,可以将其称

52

为合作系数)。决定 λ 的因素主要有参与合作的家庭数量、农户净支出大于预防性资金状况出现的平均变化情况等。

由于 λ 的变化区域介于 0 与 1 之间,所以可借用 1838 年比利时学者威尔赫斯特(P. F. Verhulst)提出的 Logistic 函数,并根据本书的实际做必要调整,可得:

$$\lambda = \frac{1}{1 + exp(-\sum b_i x_i)} = \frac{1}{1 + exp(-Z)} \tag{14}$$

式(9)中,b_i 为有关参数($i = 0, 1, 2, \cdots, I$);$\sum b_i x_i$ 为多元线性组合的一般表达式,即 $\sum b_i x_i = b_0 + b_1 x_1 + b_2 x_2 + b_3 x_3, \cdots, b_k x_k$,若令 $Z = \sum b_i x_i$ 即可得式(9)。要特别说明的是,$\sum b_i x_i$ 中除了 b_0 取正值外,其余 b_i 均取负值。x_i 则代表诸如参与金融合作农户的数量、村落与城市的距离、村落的规模、村落中农户收入的平均水平及其分布状况等可能影响 λ 的相关变量。

以上分析表明对于农户而言,通过金融合作可以提高资金使用的效率,降低农户的风险。然而这一分析仅仅表明了农户实行金融合作的必要性,还不是充分条件。要寻找充分条件,还必须做进一步的分析。

3.2.2 农户金融合作的博弈分析

运用博弈分析方法的目的是要说明,在农户存在金融合作必要性的前提下,需要同时存在农户主观愿意参与这种合作的充分条件。只有在充分而又必要的前提下金融合作才是可能进行的。在我们假定的村落环境中,农户作为博弈的参与人(或行动者)其博弈是可以重复进行的,因此,借助重复博弈分析方法将帮助我们从理论上发现农户参与金融合作的可能性。

(1)分析中的相关概念

参与人:指博弈中选择行动以最大化自身效用的主体,在本书中即指农户;支付:指参与人从博弈中获得的收益或者说效用;信息:指参与人在博弈中的知识;行动:指参与人的决策变量;策略:指参与人选择行动的规则;均衡:指所有参与人的最优策略或行动组合;自然:指事先给定的博弈规则,或者说是外生给定的环境。

53

(2)重复博弈过程的一般描述

重复博弈的标准理论处理的是以下类型的情况:M 为一组行动者进行的博弈。在"阶段博弈"M 中可能包含发现信息的机会,参与人相互监督或交流的机会,以及采取行动的机会,这些行动将决定博弈的结果。在重复博弈中,一旦 M 进行,参与人观察到其结果,获得支付,然后再次进行博弈 M。

在典型的应用中,我们假定 M 将重复无限次,并且考虑到持续参与博弈的不确定性,以及延迟的机会成本,参与人将通过某个因子 $d(0 < d < 1)$ 来贴现其未来支付。

在一个决策环境中,贴现的大小可能取决于经济因素、参与人的退出、参与人做出某种决定的频率,或与其他参与人碰面的频率,等等。

参与人的策略就是他在 M 的每次重复中的博弈计划,这可能取决于所有以前博弈 M 的结果。这样的策略既可能非常简单也可能极端复杂,可以利用从以前结果和导致这些结果的行动中得出精心调整过的总结。

重复博弈的均衡是所有参与人的策略集合,在假定其他参与人都将按照均衡策略行动时,任何一个人都不能通过偏离其均衡来增加其支付。有代表性的是,一个均衡可以包括以下战略:

根据其他参与人以前的行动有目的地做出反应,以防止他们选择某种行动,而鼓励他们采取其他某种行动。在一些情况下,有趣的均衡策略要求参与人以下述方式对其他人的行动做出反应:即允许参与人将有关其信念或意图的信息彼此传递给对方的方式。

对于任何均衡(或确切地说,对于任何策略组合)而言,我们可以事先计算出每个参与人的期望支付("期望"是因为实际支付可能取决于 M 中包含的随机的"自然行动",或者取决于参与人采取的混合策略的实现情况)。假定 V_n 是参与人重复博弈的某个均衡时的期望支付,那么对于该均衡,n 的每一阶段平均支付被定义为 $(1 - d)V_n$,即如果在无限次重复的基础上加总贴现,这个数字之和将等于 V_n。

—— 有变化地重复博弈的设定

令 Γ 表示可能的"阶段博弈" M 的集合,N 表示所有参与人的集合。令 P 表示 Γ 中博弈的概率分布:在任意阶段 t,自然按照 P 给定的概率分布选择进行的博弈 $M - M'$。对于 N 中的参与人来说,P 是共同知识,每阶段博弈结束时参与人获得的支付;未来时期的可能支付根据某个因子 d 贴现。这样,重复博弈就可以由 $<\Gamma, P, d>$ 来给出完整描述。

—— 不完全信息博弈的阶段博弈

任意 $M \in \Gamma$ 都是具有标准形式的博弈(一般是不完全信息博弈),并由一个参与人集合 $N^M \subseteq N$,任意参与人 n 的行动集合 A_n^M,以及每个参与人的支付函数来描述。一般地,参与人对博弈中其他人的支付可能有不同的信息;这种不确定性表述为:

给任意参与人 n 分派一组可能的类型 $I(n)$;$I(n)$ 中的任意类型 i 代表只有参与人 n 知道的某个特定状态或信息。例如,如果一个参与人的支付函数是私人信息,$I(n)$ 则代表参与人 n 可能的真实支付函数集合。令 $I(n)$ 表示 n 的真实类型,任意参与人 n 都知道 $I(n)$,n 以外

的参与人仅仅知道 $I(n)$ 的某种概率分布。

为了方便起见，令 $I(N^M)$ 为 N^M 中 N 的所有 $I(n)$ 的笛卡儿集合。这样，参与人 n 的支付就一般具有函数 $u_n^M(a; i)$ 的形式，它描述的是，当 N^M 中的参与人采取行动，$\alpha_m = (\alpha_m)_{m \in N^M}$ 且参与人 n 的真实类型是 i 时，参与人获得的效用值。我们还可以将 α，即 M 中的行动组合，看做是 M 的一个结果。令 A_n 表示博弈 M 的所有结果的集合，A_n^M 则为 N^M 中任意参与人 n 型的笛卡儿积。

—— 重复博弈中的策略

假定重复博弈 (Γ, P, d) 已完成了 $t-1$ 次重复，且每阶段 M^s 的结果为 a^s。那么，t 时期的博弈历史就是 $W^t = W^t(a^1, a^2, \cdots, a^{t-1})$；$W^t$ 被定义为任意常数。如果博弈 M^t 将要进行，参与人可能希望根据以前的博弈结果来决定自己的行动。给定所有以前的结果为 W^t，如果参与人 n 的类型是 i，那么，可以用 $s_n(a_n; i(N^M), M, W^t)$ 表示参与人在进行博弈 M^t 的计划中的选择纯策略 a^n 的概率。

55

尽管参与人 n 知道自己的类型，因而除了类型 $i(n)$ 的策略外，不会选择任何其他的策略，但其他参与人必须维持其对参与人 n 的行为预期，以计算自己的策略；然而，参与人真正履行的概率只有 $s_n(\cdot; i(n), M^t, W^t)$，并且，$M^t$ 的结果取决于这些混合策略的实现。最后，令 $\sigma = (\sigma)_{n \in N}$ 为任意类型的任意参与人，在任何可能的阶段博弈中和任何可能博弈历史下，所选择的策略组合。

为了定义均衡，需要定义参与人重复博弈的支付函数。为此，需要用某种符号来表示某个给定的博弈历史的概率。对于 $t = 1, 2, 3, \cdots$，给定 $t-1$ 时期的历史是 W^{t-1}，那么，在 t 时期，到此为止的结果序列为 W^t 的概率是：

$$R^t(W^t \mid W^{t-1}) = \iint_{\Pi(N^M)} \sum_{\alpha \in A^M} \prod_{n \in N^t} s_n(\alpha_n; i(n), M, W^{t-1})$$

$$\mathrm{d}Q^M(i(N^M)) \mathrm{d}P(M)$$

从博弈开始看来，W^t 在 t 时期的总概率可以如下重复给出：

$$R^t(W^t) = \sum_{H^{t-1}} R^t(W^t \mid W^{t-1}) R^{t-1}(W^{t-1})$$

其中,求和是对所有可能的历史结果 W^{t-1} 求和,这里,根据定义, $R^1(W^1) = 1$。

这样,参与人 n 在重复博弈 $< \Gamma, P, d >$ 中的支付函数可以表示为:

$$u_n(\sigma) = \sum_{t=1}^{\infty} d^{t-1} \sum_{H^t} R^t(W^t) \iint_{\Pi(N^M)} \sum_{\alpha \in A^M} s\,(a; i\,(N^M), M, W^t)$$

$$u_n^M(a; i(n))\,\mathrm{d}Q^M(\,i(N^M)\,)\,\mathrm{d}P(M)$$

对任意参与人 n 而言,当且仅当 $u_n(s) \geqslant u_n(s_{-n}, s'_n)$ 成立时,策略组合 σ 是重复博弈 $< \Gamma, P, d >$ 的均衡解,其中(σ_{-n}, σ'_n)表示除 n 以外的所有参与人都采取策略 σ,而参与人 n 采取另一种策略 σ'_n 的策略组合。这个定义给出了标准的贝叶斯纳什均衡。

(3)无名氏定理

56

重复博弈理论的一个重要结论就是所谓的无名氏定理,它保证了在一般情况下重复博弈有许多不同的均衡,下面运用符号对其进行解释。用 V_n^* 表示参与人 n 在博弈中所能获得的最低期望支付,即使其他参与人不顾自身利益而损害 n;这被称做 n 的"最小最大"支付。

选择任意的支付向量 V,其中每个参与人都有一个支付值,他必须满足两个标准:第一,对任意 $n, V_n > V_n^*$;其次,支付向量可以从 M 的结果中获得,或至少是 M 的某种随机结果的期望值。那么,无名氏理论认为,如果未来支付的贴现值不太大,存在重复博弈的子博弈精练均衡(即这样一种均衡:如果另一个参与人偏离了均衡,参与人的战略将要求他按照在此情况下所能做的最佳反应,来实施惩罚或其他行动),它以 V 作为参与人每阶段平均支付的期望向量。

忽略不完全信息的情况,就比较容易确定无名氏定理扩展的目前情况。假定 $IM(n)$ 对于所有 M 和 n 都具有唯一性,并用 ν_n^M 表示在博弈 $M \in \Gamma$ 中,参与人的最小最大支付,即:

$$\nu_n^M = \min \max u_n^M(a, i)$$

再将参与人 n 在所有博弈 Γ 中的最小最大支付定义为:

$$\nu_n^* = E_\Gamma \nu_n^M = \int_\Gamma \nu_n^M \mathrm{d}P(M)$$

与通常一样，将重复博弈策略 σ 得到的每阶段预期平均支付为 $(1-d)u_n(\sigma)$；注意到，这个支付表示一系列阶段 M 的可能实现值的期望值。令：V 为所有这种支付值的集合。对 $<\Gamma,P,d>$ 的某个策略 σ，$V' \equiv \{\nu \in R^{|N|}|$，对所有的 $n \in N,\nu_n = (1-d)u_n(\sigma)$。令 V 为 V' 的凸化。那么，在完全信息的情况下，无名氏定理可表述为：

令 ν 为 V 中的一个支付向量，且使得对于任意 $n \in N,\nu_n > \nu_n^*$。如果贴现因子 d 足够大，那么，存在博弈 $<\Gamma,P,d>$ 的子博弈完美均衡策略 σ，使得对于任意的 $n \in N,(1-d)u_n(\sigma) = \nu_n$。

需要说明的是：一般意义上的无名氏定理在不完全信息假定下无法证明。

57

无名氏定理告诉我们，几乎在任何重复博弈中都存在许多种均衡模式，并由此产生不同的支付值。重复博弈的经验也告诉我们，即使是对某一给定水平的每一阶段支付均值来说，也可能有许多均衡能产生同样的支付向量。无名氏定理为我们解释一些在前面被认为是超出了理性选择分析范围的现象提供了机会。

（4）阶段博弈内的变化和不完全信息

假定我们能以正确的方式表述阶段博弈，则可以将重复博弈理论进行扩展，从而把决策过程模型化所必需的变化及不完全信息包括进来。这样的博弈，可以通过为每一个参与人的每一种可能的信息状况和"类型"制定一种策略，来加以解决。这样，均衡时所有参与人关于每一个参与人将如何行动的预期，就取决于对该参与人可能类型的预期。为了当前的目的，我们可以简单地在每一阶段博弈开始时，加上这样一个由"自然行动"决定类型的过程，使得重复博弈仍然是相同阶段博弈的简单重复。

通过类似的方法我们可以把阶段博弈的变化融入重复博弈标准理论中去。假定一个组织所面临的决策环境，总能够有一个大的博弈组合中的某个博弈来表示。在阶段博弈中，自然首先行动，它决定了在当前阶段进行的是这个大博弈组合中的哪个博弈。那么，阶段博弈的策略在形式上就包含任何可能出现的子博弈对策，即使自然对子博弈的选择在这些对策付诸实施以前就知道了。使用这种方法，整个博弈在技术上就由一个在每一阶段重复的相同阶段博弈组成,这就符合了标准的理论的要求。这样,这些扩展的模型可以重复表述为重复博弈的标准形式,并且,像无名氏定理这样的基本结论就能够适用。

在上述分析的基础上,我们就可以给出参与人重复博弈的矩阵了。表3.1列出了相关的构成要素。

表3.1　阶段性重复博弈矩阵

	参与人1(合作)	参与人1(不合作)
参与人2(合作)	1,1	$-b,a$
参与人2(不合作)	$a,-b$	0,0

58

每次重复进行的阶段博弈都具有表3.1所示的标准形式,其中每一对数字代表了一个支付组合。其中 $a>1$ 表示从另一个单方面得到的支付。假定 $a-b<2$,则在重复博弈中存在有效合作方法(即双方都参与合作),并且可以忽略参与人轮流单方面"合作"(即帮助)的可能性。也就是说,如果博弈无限期地重复下去,并且每阶段的未来支付都用因子 d 来贴现($0<d<1$),那么,如果 d 相对 a 和 b 足够大,合作在均衡中就变得可能。

从以上分析中我们可以得出结论:在信息充分的条件下,重复进行的博弈是可以进行的,参与人将选择合作均衡以期获得更高的收益。要使博弈能够重复进行下去,"自然"发挥着至关重要的作用。

具体到我们所研究的农户金融合作问题,显然,在我们假定的村落中,农户不仅存在着金融合作的必要性,也存在着金融合作的可能性,从而在理论上证明农户出于节约资金使用和降低风险的要求,客观上存在金融合作的制度需求;或者说农户面对不确定性和未来风险,出于安全和经济上的双重考虑,需要有一种降低风险和节约成本的金融制度。

当我们把假设延伸至所有经济处于自给自足和半自给自足的中国村落,结论同样是成立的。这一点非常重要。

3.3 模型的扩展

上述分析表明,推进我国农村金融体制改革必须构建一个高效的农村合作金融体系。然而,这种必要性并不必然表现为可能性。因为,如果农民对金融合作有抵触,缺少参与金融合作的积极性,没有金融合作的意愿,构建农村合作金融体系的目标就难以成为现实。那么,在我国广大农村是否存在构建合作金融体系的可能性? 广大农民是否具有金融合作的意愿? 答案是肯定的。本书下一章将用经验研究论证:广大农民不仅有着强烈金融合作意愿,而且表现出少有的积极性;在我国农村构建合作金融组织存在着现实可能性。

59

从前述的对农户金融合作行为所做的分析中,我们得出了农户存在对合作金融制度需求的结论,而要建立合作金融制度,从非合作状态过渡到合作状态,实质就是一个制度变迁过程。在重复合作博弈的分析中,我们实际上假定有一个"自然"的存在,即在给定的规则下,来探讨合作是否有可能进行的问题,同时我们证明"自然"存在对于重复合作博弈的重要性。实际上,所谓"自然"就是我们所说的制度环境。在我们运用博弈分析探讨农户金融合作的过程中,实际已经引入了一个制度安排,是在给定的制度环境中(即所谓"自然"先行动)分析合作的可能性,或者说这种可能性是建立在给定的制度供给之上的。

具体到我们研究的农户金融合作问题,就是存在有一个金融合作制度的供给问题。那么,这种合作制度的供给究竟应当由谁创造? 制度如何建立和组织实施? 这一"自然"的力量从何而来? 这样,按照本书的研究思路就需要对一开始所做的假设进行拓展,放宽限制性条件,将政府因素引入分析的框架,将其视为合作金融创新的外部制度环境。

3.3.1 制度环境对合作金融制度变迁的约束

制度变迁理论认为,制度变迁过程是一个包括制度的创新、替代、转换和交易过程。制度变迁源于相对价格和偏好的变化,但这并不意味着相对价格和偏好的变化必然引起制度变迁。① 制度变迁还受到诸多因素的约束,其中制度环境对制度变迁起着重要的约束作用。

制度环境对制度变迁的约束作用主要体现在以下方面:

第一,制度变迁的主体由制度环境决定。尽管在经济系统中出现了潜在的获利机会,但哪些主体有可能成为现实的获利者,是由制度环境决定的。制度环境已经决定了经济资源和社会权力在社会成员间的分配格局,缺乏足够资源和影响力的主体不可能成为变迁的推动者。显而易见,在制度变迁的过程中,政府具有控制和推动的能力。因此,尽管农村合作金融制度存在着现实的制度需求,但如果与政府目标不相一致则难以形成。

60

第二,制度环境决定了变迁主体的活动空间。制度环境允许特定的主体追求潜在收益,但同时也限制了其活动空间。一是制度环境只允许变迁主体以已经被制度环境同意(至少是不反对)的制度安排来追求利益,这不仅限制了变迁主体的制度选择空间,而且新制度必须与原有制度相协调,才能得到承认,否则变迁将被扼杀。二是制度环境中形成的客观经济基础,要求变迁主体的制度选择不能超前,也不能滞后,要选择与经济基础适应的制度安排。前者主要体现了制度环境中意识形态的要求,不符合主流意识形态的制度安排,不会被接受;后者则体现了经济发展的阶段要求,要求在不同经济发展时段有相应制度安排以实现效率最大化。

第三,对变迁路径的约束。变迁发生时的制度环境将通过"路径依赖"对变迁产生影响,而随后的制度环境变化则直接作用于变迁的方向。前者的影响一旦作用于制度,就在制度的构成中形成了对应的安排;这些安排构成了制度进一步变迁的起始约束。不管它们是否在客观上符合效率最大化的要求,它们的被加强或被削弱,都将由制度环境的进一步发展所决定。如果整个制度环境向效率最大化的

---

① 卢现祥:《西方新制度经济学》,中国发展出版社 1996 年版,第 75~77 页。

方向发展,那该制度中符合此方向的因素将被加强,不符合要求的因素将被削弱直至消除,变迁进入高效率的通道;相反,如果整个制度环境向反效率方向发展,变迁将被锁定在低效"陷阱"中。因此一个社会长期处在低效率状态中,除受"路径依赖"作用外,关键还在于整个社会的制度环境。

因此,农户金融合作的制度要求必须得到政府的认同,同时所形成的合作制度必须与当时制度环境相协调,符合主流意识形态,才可能得以确立。而其他趋势则取决于制度环境的进一步发展的方向。

3.3.2 农村合作金融制度变迁的路径选择

主流制度变迁理论认为制度变迁的类型主要包括诱致型制度变迁和强制性变迁。按照诱致型制度变迁理论,在市场经济为基础的分散决策型体制中,制度变迁一般表现为"由一个人或一群人在响应获利机会时自发倡导、组织和实行的"自下而上的制度变迁。[①] 也就是说,制度的重新安排,是由单个行为主体为谋求在现存制度下得不到的利益而产生制度变迁的需求所引发的。追求利益最大化的单个行为主体总是力图在给定的约束条件下,谋求确立预期对自己最为有利的制度安排和权利界定。一旦行为人发现创立和利用新的制度安排所得到的净收益为正时,就会产生制度变迁的需求。这种需求能否诱导出新的制度安排,取决于赞同、支持和推动这种制度变迁的行为主体集合在与其他利益主体的力量对比中是否处于优势地位,这种制度变迁是否导致其他利益主体的利益受损。或者说,这种制度变迁是否导致了帕累托改善。如果力量优势明显,则原有的制度安排和权利界定将被淘汰,国家通过法律等形式确立有利于占支配地位的行为主体的产权规则,从而引发制度变迁。

① 林毅夫:《关于制度变迁的经济学理论:诱致性变迁与强制性变迁》,载[美] R. 科斯、A. 阿尔钦、D. 诺斯等著,刘守英译:《财产权利与制度变迁》,上海三联书店、上海人民出版社 1994 年版,第 397 页。

　　根据强制性制度变迁理论,制度变迁是一种供给主导型制度变迁,即在一定的宪法秩序和行为的伦理道德规范下,权力中心提供新的制度安排的能力和意愿是决定制度变迁的主导因素,而这种能力和意愿(制度创新的供给)主要取决于一个社会的各既得利益集团的权力结构或力量对比。

　　供给主导型制度变迁的特点:一是在政府主体与非政府主体参与制度安排的社会博弈中,由于政府主体在政治力量对比与资源配置权力上均处于优势地位,所以政府主体是决定制度供给的方向、速度、形式、战略安排的主导力量。二是政府主体是由一个权力中心和层层隶属的行政系列构成的,由权力中心确定的新的制度安排主要是通过各级党政系统贯彻实施的。三是由于目标函数与约束条件的差异,政府主体与非政府主体对某一新的制度安排的成本与收益的预期值是不一致的,这就很难使非政府主体对制度创新的需求,与政府主体对制度创新的供给达成一致。由政府主体安排的制度创新,越是与非政府主体对制度创新的需求相适应,社会摩擦越小,制度变迁就越顺利。如果受到非政府主体普遍赞同的制度创新因与政府主体的目标函数或利益结构相冲突而难以出台,那么只有在改变政治力量对比和调整利益结构的前提下才能增加制度供给。四是制度安排实行比较严格的"进入许可制",即非政府主体只有经政府主体的批准才能从事制度创新。

　　由于国家或政府直接就是新制度安排的创立者和实施主体,因此,国家在其中发挥决定性作用。第一,由于国家是一个在暴力方面拥有垄断优势的组织,因此,通过国家的强制力量推行制度变迁往往能使新制度在最短的时间和以最快的速度替代旧制度,减少在制度变迁进程中可能产生的不必要的摩擦成本。从这个意义上说,强制性制度变迁往往具有较高的效率。第二,在强制性制度变迁进程中,国家所能利用的手段,远比诱致性制度变迁中的个人或群体所能利用的手段多,因此,国家除了运用强制性力量促进和加速制度变迁的进程外,还可以通过控制意识形态、运用税收和价格等经济杠杆,减少或控制经济运行中的"搭便车"现象,其直接效果在于能减少制度变迁中的组织成本与实施成本,从而降低制度变迁的交易成本。

那么,如何据此推导出中国农村合作金融制度可能的变迁方式呢?显然,供给型制度变迁所需要具备的博弈条件对于农民而言是难以成立的,即使我们把中国近代历史划分成两个阶段,其后一个阶段被称做人民当家做主的时代,农民同样不具有这种博弈的能力。因为,目前小农经济在我国农村中仍然占主要地位。它具有以下几个基本特点:

其一,以农户为基本单位。即以个体家庭为生产和生活单位,农民个人在其家庭成员的辅助下,独立完成以农产品为主要产品的生产过程,一般不需要外部的协作,家庭成员在一起生活,财产主要为家庭成员所共有。

其二,以个体所有制为基础。即个体农民通过承包合同取得小块土地的长期使用权,并不同程度地拥有农具、耕畜和其他生产资料。在好的制度环境下,农民一般具有较高的经营自主性和生产积极性,从而使得农村社会具有一定的稳定性。

其三,生产规模很小,生产条件简单。即个体农户通常只耕种几亩土地,通常以手耕农具为主要生产工具,主要依靠人力及畜力进行生产。生产规模小,抵抗自然风险及市场风险能力弱,易陷于贫困甚至破产,故生产和生活的稳定性差。

其四,自给自足与商品交换并存。即农民生产的农产品除了满足其口粮及大部分副食品的需要之外,还通过出卖劳务取得现金,用以通过商品交换从市场上购买生活用品。

其五,对土地的依恋。我国小农经济的长期存在造成了农民对于土地的依恋情结,尽管农户的经济收入正在趋向多元化,但是他们对于渗入农业和土地的传统、文化、尊严和情感,却难以割舍与替代。

其六,重视亲友关系。尽管小农经济是以农户为基础的自给自足的经济,但是居住在同一村里的农民之间往往保持着较密切的联系,亲友之间的相互帮助其人情往来比较频繁。这种关系往往会形成各种非正式制度,对农村的经济运行产生影响。① 因此,对于中国的农民,其合作性质的农贷制度的变迁只能是诱致型的。然而,由自发形成的制度却是不稳定的,它可能受到制度环境的约束,当这种变迁与制度环境相一致时,其变迁的路径就可能受到博弈的强势方左右,进而沿着国家意志的方向演进,并被反复强化,沿着这一路径发展下去。

3.3.3 农村合作金融制度变迁中的中央政府和地方政府

一个成熟的市场体系的有效运作,需要有一个有效的政府尤其是有效的中央政府,以保证市场的有序竞争。然而中央政府具有自己的偏好效用函数,在制度变迁过程中,它需要计算自身的农村金融制度变迁成本与收益。当农村合作金融制度变迁与中央政府的租金最大化目标相一致时,才会主动加以推行。在制度变迁过程中,使其拥有一个什么样的收益,成本结构十分重要。它总是力图保护和支持一个有利于自身租金最大化的金融产权形式。因此,如果农村金融因素相对价格变化,相对重要性对其最大化目标产生重要影响,中央政府就会转变对金融制度变迁所持的态度。也就是说,当合作金融制度所带来的收益远大于国家推行这一制度所带来的成本时,合作金融制度的创新就可能得到国家的鼓励和支持。

对于地方政府而言,诚如前文所述,中国的地方政府就具有双重性质,它既是上层结构的组成部分,具有管制功能;又与其所辖地区的下层结构的经济利益紧密相关,具有很强的经济社会功能。地方政府有这种双重功能,在制度变迁中,地方政府自然成为上层结构与下层结构的中介,②成为沟通上层结构的制度供给意愿与下层结构的制度创新需求的中间环节,使其有可能突破上层结构设置的制度

---

① 成思危:《探索发展中国农村金融的有效途径》,载《改革与发展:推进中国的农村金融》,经济出版社2005年版,第3页。
② 张杰:《中国金融制度的结构与变迁》,山东经济出版社1998年版,第15页。

创新壁垒,从而使上层结构的租金最大化与有效率的产权结构之间达成一致。因此,在农户金融合作的问题上,二者通常能够达成统一的认识,共同作为制度环境构成成分,决定农村合作金融制度的制度变迁。

65

4. 民国时期农户金融合作与农村合作金融制度变迁

4.1 中国农村合作金融初期(1912~1936)

在我国历史上曾经有过多种形式的互助合作组织。从这些组织的宗旨来看,基本属于互助互利,采取不同的形式开展合作的合作经济组织。这些古老的互助合作组织形式,虽然与当代的信用合作社有类似之处,但并不能视同近代以合作经济思想建立起来的经济组织;不过这些实践活动,为后来广泛接受合作思想奠定了基础。我国近代的合作经济组织,始于我国经济与世界经济接触之后,为了适应社会的经济环境要求,在国外合作运动思潮的影响下逐步发展起来的。因此,本书主要从民国建立之始,追溯农村合作金融的制度变迁。

4.1.1 合作思想传入中国

作为一种意识形态和经济组织制度的合作经济思想传入我国,最早可以追溯到清末。当时北京京师大学堂设有"产业组合"课程,"组合"即"合作"之日本译名。当时没有改译,按照中国的语法,就是合作的意思,这就是我国"合作"一词的起源。1912年以后,教育家兼经济学者朱进之和新闻家徐沧水,撰文宣传合作思想,主张设立平民银行,实行经济方面的互助制度。但是他们的活动仅限于宣传合作经济思想,并未能根据中国的实际情况,提出可行性的实施方案,在社会上影响有限。

中国合作运动的真正兴起,始于五四运动。在这场新文化革命运动中,合作制思想作为一种新文化思潮开始在中国传播。

在中国合作运动史上,将西方的合作思想系统地介绍到中国并付诸实践的,首推薛仙舟先生(1878～1927)。一般认为薛仙舟是中国合作运动的先驱。

薛仙舟先生早年留学美国,回国后,又赴德国和英国深造。特别是在德国学习银行专业期间,他发现一股新的思潮,即被称为"介于资本主义和社会主义之间的第三条道路"的合作主义正在兴起。薛仙舟系统地思考德国的合作运动并获得了深刻的认识,深信合作制度完全能够促进贫苦农民的解放。薛仙舟在德国留学期间,经常去听德国经济学者关于合作主义的讲学,并对德国的合作经济进行了深入的考察研究。在他看来,合作主义主张民众的联合与合作,摒弃了资本主义制度下人与人之间赤裸裸的金钱关系,通过和平的改良实现一个人人和谐共存的理想社会,因而具有经济改造与社会改造双重功能。自此,薛仙舟放弃了早年坚持的激进主义革命思想,开始主张通过建立合作经济制度对社会进行和平改造,成为一名温和的合作主义者。[①] 后来他对于中国合作事业的宣传和推动,起了很大的作用。

67

1911 年薛仙舟回国之后,先后在北京大学及上海复旦大学任教,并致力于倡导合作运动。新文化运动期间,合作思想随着其他新思潮一起涌入中国,首先在知识分子及商界内得到广泛传播。为了进一步推广合作制度,1918 年薛仙舟专程赴美搜集了大量合作制资料,以此作为教学和实践的理论基础。同时他还鼓励学生学以致用,在实践中更深层的认识、推广合作制度。1919 年 10 月,薛仙舟联合部分复旦师生,自筹资金,创办了我国第一个信用合作组织——上海国民合作储蓄银行(简称合作银行),并任首任行长。合作银行是中国最早的合作金融组织,也是我国早期合作运动重要成果之一。在"以合作精神发展国民经济、补助小资本营业"理念的引导下,合作银行开设了公积金,实行储蓄存户与股东均分红利。薛仙舟提倡义务

---

① 钱益民:《中国合作运动的导师薛仙舟》,载《当代金融家》2005 年第 10 期。

平民教育,并将各种业务实践与商科教学紧密结合起来。"上海国民合作储蓄银行"是中国最早的合作金融组织,在中国合作运动史上占有十分重要的地位。

薛仙舟不仅大胆实践,而且于1920年邀请了复旦大学他的一些学生,创办了"平民周刊社",发行《平民周刊》,以进行有组织有计划的合作思想的宣传。1922年又将"平民周刊社"更名为"平民学社",其宗旨是研究合作主义,提倡平民教育,周刊办了四年,后因社友四散而中辍。薛仙舟又联合了若干志同道合的好友,共同组织了"上海合作同志社"。以研究合作理论和调查制定实施方案为宗旨,但不久也因社友逐渐离去而自然解散。尽管如此,其对于合作思想的传播仍具有深远的历史意义。

上海国民合作储蓄银行和《平民周刊》的并行运作,是薛仙舟合作运动实践双管齐下、理论与实务并重的集中体现。薛仙舟先生任教十余年间,一直高举合作主义的鲜明旗帜,通过创办合作银行和指导《平民周刊》,使合作主义思想扎根于众多优秀青年知识分子心中,为后来合作思想在全国传播与实践铺就了道路。

1927年,薛仙舟亲自着手草拟全国合作化方案,共分四章:第一章总论,认为民主主义的成功,便是国民革命的成功,欲实现民主主义,应由国家以大规模的计划促成全国合作化;第二章阐述全国合作社的组织方案,提出组织全国合作社,应有大批基本人才,故应创建一个合作训练班,训练出若干真能彻底牺牲、热心努力的合作人才,同时,并应设立一个强有力的全国合作银行;第三章和第四章系分述合作训练及全国合作银行的组织大纲。此方案写成以后,上交国民政府,国民政府以国库支绌为借口,未予理睬。是年,薛仙舟终因事业不顺,心情抑郁病发而逝世。薛仙舟的设想虽未能付诸实现,但其合作思想影响颇为深远,为后来合作运动的发展奠定了基础。

在合作运动中另一个重要的代表人物,当推晏阳初先生。尽管晏阳初先生的合作经济实验并不是在金融领域,但其实践活动对于在中国农村传播合作思想发挥了重大作用。20世纪二三十年代,在欧洲战场做华工翻译的晏阳初回国后,先在武汉等大城市开展平民教育,但后来发现要解决中国问题,必须先解决农民问题,而中国农民普遍存在"愚、贫、弱、私"四大弊端。在翟城乡绅米蒂刚的邀请下,晏阳初骑着毛驴来到河北定县农村,在翟城开展平民教育、乡村建设和合作社试验。

虽然这场试验因日本侵略者 1937 年占领定县而中断,晏阳初先生也因政治原因在解放后离开中国,但他对中国合作运动产生的深远影响是名载史册的。特别是在延安解放区,以及解放后的中国大地上,吸收了晏阳初等人乡村建设思想合理内核的人民政府掀起了合作化运动,进一步解放和发展了农村生产力。在国际上,晏阳初先生的经验也被推广到亚洲、非洲和拉丁美洲的 40 多个国家和地区,引起了巨大反响;他本人也和爱因斯坦、杜威等人一道,1943 年被评为"现代世界最具革命性贡献的十大伟人"。

4.1.2 中国第一个农村信用合作社

我国最早成立的第一个农村信用合作社,是由"中国华洋义赈救灾总会"在河北省香河县成立的。在此以前,虽然已有信用合作社组织产生,但大都经营不久,即归失败,未能长期存在。因此,一般认为,1923 年 6 月在河北省香河县成立的农村信用合作社是中国第一个农村信用合作社,它的诞生标志着中国农村合作金融的开始。

（1）香河县农村信用合作社产生的历史背景

1920 年全国许多省份遭受旱灾。尤其是华北各省更加严重,灾民达 2 000 万人。千百万灾民背井离乡,四处逃荒,社会各界纷起救济,各种义赈救灾组织纷纷成立。义赈会是一种慈善团体,以救济灾民为宗旨。有官办的,有民办的,有官民合办的,有外国人办的,也有中外合办的。其中影响最大的是中外合办的"华洋义赈会"。当时各省有不少这样的团体,但这些义赈团体彼此没有联系,都是地方性的彼此独立的慈善团体。于是由北平一个华洋义赈会发起,召开了全国各地义赈会的联席会议,共同商讨。会议研究认为救灾不如防灾,而防灾的首要工作就是帮助农民发展生产。会议决定于 1922 年 11 月 16 日,正式成立由这些义赈团体联合组成的"中国华洋义赈救灾总会"，统一领导和实施会议决定的各项事宜。中国华洋义赈救灾总会总部设在北平。该会主张"救灾不如防灾，而防灾之首要工作，如为改良民生计问题"，并认为："盖农民穷困，乃是荒灾之根本原因，若农民富裕，纵有荒区年岁，亦不至成灾。"[①]

1922 年秋，华北各省又告丰收，各义赈团体停止发放赈款。但当时筹措到的赈款并未用完，尚余二三百万元，这笔钱分散在各省数目并不算大，如果集中起来，却是一笔巨款。但如何继续使用，是一个值得研究的问题。于是，华洋义赈总会组织开展农村经济状况调查，发现中国农村金融极为枯竭，广大贫苦农民深陷高利贷之苦。1923 年华洋义赈总会制定《农村信用合作社章程》，并决定仿效德国的办法，确定以河北省为试验区，推行雷发巽式的信用合作运动，同时聘请于树德（曾留学日本，著有《信用合作经营论》，是我国最早的近代信用合作运动先驱者之一）为合作指导员，开始在河北省的香河县创办雷发巽式的信用社试点，这样我国第一个农村信用合作社于1923 年 6 月在河北省香河县诞生。

（2）香河县信用社的历史影响

由中国华洋义赈救灾总会所发起和组建的河北省香河县农村信用合作社，不仅开中国的农村信用合作运动之先河，而且对我国后来信用合作事业的发展产生了深远影响。

在此之前，尽管朱进之和徐沧水等人极力宣传合作思想，倡导设立平民银行，竞相介绍外国的信用合作制度，但除了薛仙舟创建的具有合作性质的"上海国民储蓄银行"以外，如何在农村组建信用合作社并未付诸实践，只是停留在宣传这一层面。而香河县农村信用社的诞生，是合作金融制度第一次在我国农村开展的实践，它的成功说明金融合作的组织形式可以移植到我国的广大农村。特别是当成立农村信用社的消息传播开来，各地乡间有识之士和农民群众，亲眼看到了组织信用社给他们带来的益处，并且认识到单纯依靠救济的被动依赖性。因此，在华洋义赈总会的帮助下，各

---

① 董时进：《农村合作》，北平大学农学院 1931 年版。

地乡间有识之士和农民群众纷纷借助信用合作这一金融形式,依靠集体的力量,推动生产的发展。因而,继香河县第一个农村信用合作社诞生之后,河北唐县管家佐村、涞水县的娄村镇、定县的悟村等先后成立了农村信用合作社。信用社很快就遍及华北广大地区,进而发展到长江一带。

河北省香河县第一个农村信用社的成立,对于信用合作事业的发展,不仅起了很好的推动作用,而且在信用社的组织形式、章程制度、经营管理等方面,都起到了示范作用。因此河北省香河县第一个农村信用社的诞生,在我国信用合作的发展史上具有重要的历史意义。

4.1.3 抗战前中国农村信用合作运动

孙中山先生早在1919年的《地方自治开始实行法》的演讲中,就提出发展工业、农业的合作事业。从1919年五四运动合作思想传入我国开始,到1937年可分为两个阶段:即1927年蒋介石发动"四一二"反革命政变以前为第一个阶段,1927年到抗战爆发为第二个阶段。

起初,主要是在知识界和文化界,把引进西方的合作思想,倡导合作运动,作为救国救民之良策,试图在不改变原有制度框架的前提下,通过改良的办法,改进中国的经济状况。但还仅限于一种学术思想的传播,付诸实现者甚少。

自中国华洋义赈总会倡办的农村信用合作运动以来,华洋义赈总会指导的合作社,以经济互利为目的,通常由当地农民自动组织。入社社员每人都要交股本,每股1~6元。经义赈总会认可的合作社,可获得该会拨予的低息贷款。具体做法是向被他们承认的合作社发放低息0.6%~0.7%贷款,再由合作社以1%~1.2%的利息贷给社员。[1] 合作社向农民贷出的资金,主要来自义赈总会,而义赈总

---

[1] 秦孝仪:《抗战前国家建设史料》,载《中国农业金融概要(1935年)》,中央银行经济研究处。

会的资金来源,除少量是救灾余款外,主要来自上海等地的银行投资。① 据统计,从 1923 年至 1927 年 5 月,仅河北省合作社就由 8 个增至 561 个,社员由 256 人增至 13 190 人,已缴金由 286 元增至 20 698 元。② 1925 年 7 月,中国华洋义赈总会又专设"农利股",以负责指导、审核合作社的具体工作。而合作社的形式仅限于信用合作社一种形式,这正是华洋义赈总会针对中国普通农民的信贷困难而实践他们"改良民生计问题"的初衷。但由于华洋义赈总会的资金来源有限,且带有很大程度的慈善机构的性质,故而其发展速度和独立性程度受到很大的限制。表 4.1 是华洋义赈总会 1924～1931 年发放贷款情况的统计。可以看出,华洋义赈总会的放款数量十分有限,相对于广大农村的资金需求而言几乎是杯水车薪。然而其贷款的意义却远远超过了放款数量本身,它开创了中国历史上第一次民间资本有组织引导农村金融合作之先河。

表 4.1　1924～1931 年华洋义赈总会放款统计

单位:元

年份	1924	1925	1926	1927	1928	1929	1930	1931
华洋义赈总会	3 290	7 160	21 990	28 355	28 579	33 040	49 859	59 834

资料来源:中央银行经济研究室编《中国农业金融概要》,商务印书馆 1936 年版,第 201、221 页。

　　1927 年南京国民政府成立至全面抗战爆发前,由于国民政府的推动和介入,中国农村合作运动有了长足的发展。

　　南京政府刚成立之初,一直受到日益严重的农村问题的困扰。由于连年不断的内战与自然灾害,以及世界资本主义经济危机的冲击,中国农村经济严重衰败。由于天灾人祸,农村劳动力锐减,耕地荒芜,农产品歉收,农业生产萎缩。据统计,1927～1929 年全国各省

① 曹幸穗、王利华:《民国时期的农业》,载《江苏文史资料》1933 册。
② 方显廷:《中国之合作运动》,载《大公报》1934 年 5 月 16 日第三版。

大灾后,水稻减收 34%,谷子减收 38%,高粱减收 37%,棉花减收 40.5%。此外,在广大的农村,苛捐杂税繁多和农村金融枯竭,使得农村高利贷盛行。据当时中央农业实验所的研究报告显示,当时农村负债率高达 60%,而农村借贷的利率很高,平均为 3.6 分。据金陵大学农业经济系 1934～1935 年对豫、鄂、皖、赣 4 省 14 区 852 户的调查,农民借款用于生产的仅占 8.4%,非生产用的占 91.6%;其中饮食占 42.1%,婚丧占 18.1%,其他占 31.4%。① 由此可见,农民贷款的目的是为了维持简单的生活和消费,而不是为了维持和扩大再生产。因而农民举借高利贷,只可能是"越借越穷",根本不可能改善农民的生产条件、提高生产力水平,反而使农民在沉重的高利贷下加速其贫困化,陷入恶性循环。

1926 年 1 月,国民党"二大"决定"设立农民银行,提倡农村合作事业"②。这是国民党正式提倡合作运动的开始。10 月,国民党中央联席会议,通过了《政府扶助农村合作社之组织政纲》。1927 年 6 月,陈果夫邀请"中国合作先导"薛仙舟先生,为南京政府设计了《全国合作化方案》,该方案提出:实现民生主义的最好办法就是推行合作运动,设立"全国合作社"作为全国合作运动的总机关;设"合作训练院"以军训方式培养合作事业干部;同时拟设立全国合作银行以赞助合作事业(由于当时政局未稳,故没有实施)。

1927 年北伐结束后,南京政府按照既定方针开始实施农村合作运动。1928 年 2 月,国民党中央第四次执监会上通过了《组织合作运动委员会建设案》,开始了大范围内的合作运动的宣传和指导工作。1928 年 10 月,国民党中央规定合作运动为七项国策运动之一(其他六项分别是提倡国货、卫生、保甲、筑路、造林、识字)。1931 年 4 月,实业部公布"农村合作社暂行规程",随后,国民党中央进一步决定,通令全国以每年 7 月的第一个星期六为国际合作纪

---

① 严中平:《中国近代经济史统计资料选辑》,科学出版社 1955 年版,第 56～58 页。

② 浙江省中共党史学会编:《中国国民党历次会议宣言决议案汇编》(一),浙江省中共党史学会内部资料。

念日。1932年9月,国民党中央政治会议规定了"合作社法十大原则"。立法院据此起草了《合作社法草案》共9章76条,并于1934年2月17日由立法院公布。这是国民政府关于合作运动的最高法律性文件。经中央政治会议通过,于1934年3月1日通令全国实施。1934年4月1日在汉口成立豫、鄂、皖、赣四省农民银行,以"供给资金,复兴农村经济,促进农业生产之改良进步"①为宗旨。1935年5月,南京政府将四省农民银行统一为中国农民银行。在立法院通过的《中国农民银行条例》规定,该行作为南京政府"供给农民资金,复兴农村,促进农业生产"的专门银行。同年,南京政府实业部又专设合作司,并颁布合作社法施行细则。还在中央政治学校设立了合作院。随后,苏、浙、皖、鄂、湘、鲁等省的建设厅、实业厅等都设立了合作事业室或合作事业指导委员会,以促进本省农村的合作运动。

在国民政府大规模推行农村合作运动之初,在制定"农村合作社暂行规程"之前,当时的江苏省政府在1928年就已经根据"七项国策"自行制定了"合作社暂行条例",并筹建江苏省农民银行,同时举办合作社指导人员讲习所。从立法、金融、人才培养三方面谋求农业合作社的发展。其后,山东、浙江、江西、湖南等省先后公布该省的合作规程,并在政府中设立合作指导机构。在这一时期,一方面,由于农民群众欢迎合作社组织,另一方面,当时城市里的工商业不振,商业银行的信贷资金需要找出路,也选定了农村合作社作为对象。因而,农村合作运动得以迅速发展。自"合作社法"公布以后,信用社的管理体制、组织形式、业务经营,基本上有了一个统一规定。

为了从上到下掌握合作运动的发展进程,国民党中央于1936年初设立了"中央合作事业指导委员会",隶属于中央党部民众训练部。同时各省市分别设立与此相应的地方机构。由于南京政府大力宣传与倡导,到1936年时,合作运动在全国农村普通开展起来,农村合作

---

① 刘冰:《鄂豫皖赣四省农民银行史料选》,载《民国档案》1986年第1期。

社数已达到 37 318 家,社员增至 1 643 670 人(户)。① (见表4.2)这些合作社主要分布在江苏、河北、浙江、山东、安徽、江西等共十六省。在全国组成的各类合作社中,以信用、运销、生产、消费等合作社为主,其中,信用合作社为整个合作事业的主流。据统计,1933 年信用合作社占全部合作社的82.3%。但随着合作社总数的增长,信用合作社的比例逐渐降低,到1936 年已降至55.3%,但仍占据第一位。

表4.2 抗战前全国合作社发展状况统计

年份	1933 年底	1934 年底	1935 年底	1936 年底	1937 年底
合作社数	5 335	14 649	26 224	37 318	28 449
社员数(户)	184 587	372 934	1 004 402	1 643 670	1 541 785
占全国农户比	0.3	0.61	1.66	2.73	2.56

注:由于抗战爆发,敌占区的合作社已无法正常运作,故表中1937 年数字呈下降趋势。

资料来源:合作社及社员数见中央农业实验所编《农情报告》第5 卷第2 期、第6卷第12 期的《全国合作事业调查》;农户数见上海申报馆《申报年鉴》(1935 年)第677页,沈云龙主编《近代中国史资料丛刊》第974 辑,文海出版社1974 年影印。

表4.3 民国(1931~1935)主要省区合作事业推进情况

省区	1931	1932	1933	1934 年6 月底	1934 年底	1935
江苏	1 265	1 798	1 284	2 220	2 937	4 077
河北	72	999	518	1 460	1 935	6 240
浙江	622	782	543	1 282	1 793	1 972
山东	81	202	414	539	2 247	3 637
安徽	7	22	56	3 444	1 463	2 284
江西	12	15	194	961	1 077	2 038
其他省区	98	160	78	1 042	2 971	5 976

资料来源:郑厚博:《中国合作运动现况之分析》(上),《合作月刊》8,(5)。

① 周开庆:《民国经济史》,台湾华文书局1967 年版,第236 页。

表4.4　1936年底全国各省拥有合作社的县的数量

省市名	县数	省市名	县数	省市名	县数	省市名	县数
南京市	—	河北省	100	广东省	23	湖南省	44
上海市	—	贵州省	10	安徽省	60	甘肃省	46
北平市	—	山东省	101	四川省	46	湖北省	37
青岛市	—	江西省	76	云南省	3	江苏省	51
察哈尔	6	河南省	70	福建省	38	广西省	6
绥远省	6	浙江省	68	陕西省	34	山西省	11

资料来源:实业部中央农业实验所《各县合作事业表》,《农情报告》1937年第2期。

76

　　表4.3和4.4反映的是1931～1936年各地合作社变动的数量,从中可以大致看出当时合作事业发展和推进的状况,可以使我们对这一时期合作运动的全貌有一个量上的整体把握。

　　按南京政府制定的合作法规,其组织信用合作社的目的,就是要"贷放生产上必要资金于社员及办理储蓄"。为了配合国民政府的农村合作运动,当时的各大商业银行也开始向农村信用合作社积极发放农业贷款,通过信用合作社转贷给农户。到1935年,全国办理农贷的银行达30多家,农贷总额在4 700多万元。1935年春,各主要提供农贷的银行进一步组成"中华农业合作贷款银团",统一筹划农贷事宜(后于1936年为农本局取代)。1936年12月南京政府又通令全国,规定在中央、省、县三级设立属于农本局的合作金库,建立农村金融网。截至1936年,全国主要银行办理农贷总额更达6 844.13万元,根据白越平和于永的推算,1936年农贷数实际可能接近1亿元左右①(见表4.5、4.6)。南京政府的国家农业金融机构以及其他的私人资本银行投向农村的农贷资金,一般都是通过农村基层信用社而流向农村的。此外,当时的农业仓库、农贷所也是为农村提供资金

————————

　　①　白越平、于永:《20世纪30年代农村金融救济"量"的考察》,载《内蒙古师范大学学报(哲学社会科学版)》2002年第2期。

的官方机构。① 通过信用合作社,城市的过剩资金流向农村,既补充了农村资金不足,又活跃了城市金融。

为适应合作事业的需要,1935 年 5 月成立了中央合作指导人员训练所,由陈立夫、谷正纲任正、副所长。中央合作事业指导委员会还成立了中央合作函授学校,并在其他高等学校如浙大、复旦、国立商学院等校开办"合作"系,培养合作专业人员,又在各省开办合作运动指导员班,培训合作工作人员。此外,还创办了《合作月刊》、《农村合作》、《合作讯》、《农行月刊》等刊物,对合作运动进行宣传和报道,以推动合作运动的进行。

表 4.5 1932～1935 年各贷款机构提供农贷统计表

单位:万元

年份 贷款机构	1932	1933	1934	1935
上海银行	20	102.26	421.40	608.00
江苏农民银行	589.8	340.85	880.00	1 390.03
华洋义赈总会	6.86	18.91	10.23	19.90
中国银行	0.38	64.61	309.5	600
浙江各县农民银行	14.15	58.42	78.87	140
豫鄂皖赣四省农民银行	—	53.4	158.96	417.19
杭州中国农工银行	30.93	26.74	33.87	—
金城银行	—	—	243.9	675.3
交通银行	—	—	8.00	100.00
浙江兴业银行	—	—	16.00	1.5
大陆银行	—	—	9.50	1.00
山东省银行	—	—	—	783.30
合计	662.12	665.19	2 170.23	4 736.22

资料来源:白越平、于永:《20 世纪 30 年代农村金融救济"量"的考察》,《内蒙古师范大学学报(哲学社会科学版)》2002 年第 2 期。

---

① 石柏林:《凄风苦雨中的民国经济》,河南人民出版社 1993 年版,第 35～49 页。

表4.6　1936年中国农民银行、中国银行等农贷额统计

单位:万元

银行名称	农贷数额	银行名称	农贷数额
上海银行	480.00	中国银行	808.10
江苏农民银行	2 167.75	金城银行	503.5
中国农民银行	1 176.98	交通银行	400.00
浙江地方银行	600.00	安徽省银行	156.8
山西省银行	55.00	云南银行	496.00
农贷总额合计	6 844.13		

资料来源:白越平、于永:《20世纪30年代农村金融救济"量"的考察》,《内蒙古师范大学学报(哲学社会科学版)》2002年第2期。

4.2 抗战时期及以后的农村合作金融(1937~1949)

4.2.1 背景

抗日战争全面爆发后,随着广州、武汉的失守,中国农工生产的富庶之地几乎全为日寇所侵占,国民政府赖以生存的农村耕地和耕畜同步减少,使大后方本来就落后的农业生产更加濒临崩溃的边缘。兵无粮而自散,民无粮则必乱。粮食在战争时期的重要性是不言而喻的。为了维持偏安西南的国民政府的生存,为了坚持抗战,就必须扶持和发展大后方的农业生产。于是国民政府在《抗战建国纲领》中明确提出了"以全力发展农村经济,奖励合作,调节粮食,并开垦荒地、疏通水利"[①]的指导思想。1939年8月国民党中央政府经济部合作事业管理局局长何建在一篇报告中明确表明:"适应战时,经济需要,战区情形特殊,欲依法定手续,从事合作组织,自非易事。但合作机能初不限于正式合作社之组织,他如贩卖合作团、购买合作团等等,亦皆富有合作机能,而为战区所最适合之方式。""如能随时随地应用合作方式,必可大有贡献,他若残废军人之农工业生产合作,及

────────────

①　佚名:《合作消息》,载《合作评论》(一)1941年1月15日第1版。

为优待远征军人家属所可组织之合作社,亦甚重要。此外,各种合作组织,亦应以针对战时迫切需要为原则。"在1939年11月召开的"国民党五届五中全会"和"国民政府第一次全国生产会议"上,具体拟定了战时农业生产政策,其中重要的一条就是开展农业合作运动:增加农业贷款,建立健全农村金融机构,大力倡导生产合作和消费供给合作,通过调节农村金融以缓解战时大后方农村中农业资金枯竭的问题,通过组织农村合作社来缓解农村中劳动力不足的问题,以达到发展农村经济的目的。[①]

如果说国民政府在全面抗战以前推行农业合作运动,是为挽救濒于崩溃的农村经济所做的一次尝试,那么在全面抗战以后在大后方推行的农业合作运动,则是把这种"尝试"作为挽救战时经济危机、稳定战时经济的重要内容。它不仅仅是一项改革大后方农业落后现状的经济举措,而且是稳定战时经济、稳定大后方,坚持持久抗战的具有战略意义的综合性举措。

4.2.2 合作金融组织的管理系统

当时的国民政府为了迎合农民群众欢迎合作制的心理,把发展农村合作运动正式作为它的基本国策的一个内容,并在宪法中明文规定"合作事业应受国家之奖励与扶助"的条文。同时在管理体制上,正式把信用社置于各级政府的管辖之下,从中央到地方各级政府,都设了专门的管理机构。1938年国民党政府调整机构,实业部改为经济部,将原合作司改为合作事业管理局。

就合作金融方面来说,1945年正式成立中央合作金库负责对全国合作组织融通资金。各省相继成立了15个分库,22个支库,县市合作金库60多个。这些金库,不但办理信用社所需贷款,而且还兼办若干特种贷款,例如黄河泛滥区的复兴贷款、河北难民的生产贷款等。其后不久,省合作金库纳入省农民银行,由省分行副理兼任省合作金库经理。其合作金库受县政府和重点县农民银行(合作金库)的

---

①　周春:《抗日战争时期物价史》,四川大学出版社1998年版,第83页。

双重领导。县政府成立了合作指导室,合作社经县合作指导室批准成立后,再通过县联社向县合作指导室提出贷款申请,批准后由县合作指导室通知县合作金库,办理贷款手续。

4.2.3 基本做法

第一,加强对合作事业的行政领导,建立农业合作运动的行政管理系统和合作社组织系统。1939 年 11 月,国民党五届五中全会讨论并通过了《加强推进合作事业案》。经济部根据该案,成立了"合作事业管理局","统筹全国合作事业之推动与改进"[①] 。1940 年,经济部呈请行政院核准在全国各省设立省合作事业管理处,并配合新县制的实施,在县、乡、保各级都设置相应机构并配备专职人员。1942 年 12 月社会部成立,合作事业管理局改归社会部。1942 年底,在行政院的核准下,各县的合作事业指导室普遍设立。与此同时,基层各级合作组织也相继设立:保(村)设立保合作社;乡(镇)设立乡(镇)合作社;县设立县合作联社。保、乡、县三级合作社的设立既形成了中央到地方的合作事业行政管理系统,又形成了基层的合作社组织系统。

全国合作事业行政管理系统和基层的合作社组织系统的成立,强化了各级政府对农业合作事业的领导和管理,为农业合作事业的开展提供了比较切实的政治保证和组织保证。

在国民政府的推动下,大后方广大农村普遍开展农村合作运动,其合作社的数量和入社的社员数量逐年都有明显的增加。为了适应战时需要,国民政府在发展信用合作的同时,大力提倡生产合作、供给合作和消费合作等分类合作,这使得抗战时期合作社的分类百分比较之以前有了一些变化。如信用合作社所占的比例由 1938 年的 85.5% 降至 1945 年的 38%;生产、消费合作社的所占比例则分别由 1938 年的 11% 和 0.4% 上升为 1945 年的 22% 和 14%。[②] 因此,通过合作社的农贷资金的流向也发生了相应的变化,即由抗战以前主要

[①] 黄立人:《抗战时期国统区的农贷》,载《近代史研究》1997 年第 6 期。

[②] 佚名:《革命文献(101)》。

用于生活救济而逐渐转向生产、运输和销售。农贷资金的主体由用于生活救济而转向用于发展生产和运销，充分反映了抗战时期农业合作运动质量的提高。

第二，加强并普及农业合作的教育。在农村普及农业合作教育，让广大农民养成合作、互助的意识，是农业合作运动成功的重要条件。为此，国民政府倡导并督促各地方当局积极推行合作教育。合作教育的对象分为合作指导人员、合作社社员和非合作社社员三种。为了培训合作指导人员，在 1939 年 10 月，合作事业管理局成立了全国合作人员训练所，"一面抽调现任合作工作人员予以补充教育"，"一面又举办合作社职员训练班及社员合作讲习会，以加强职员经营业务的能力"，①到 1940 年全国合作人员训练所共举办 5 期训练班，学员从各省在任合作工作人员中抽调而来，受训人数达 500 多人。②此外，各省还办有农业合作运动的函授学校，以推广普及农业合作运动的思想和理论。各种形式的合作讲习所、培训班等短期培训教育，几乎遍布全国。除各省举办的合作指导人员训练班或讲习所外，仅国民党中央在全国举办的培训班或讲习所，1939～1946 年的 7 年间，培训的合作指导人员达 1 800 多人。

第三，普遍设置合作金库，健全农村金融网。合作金库是在合作社普遍发展的基础上，在国家农贷机构（国家金融行局及各省银行）的指导和协助下，由各合作社共同组织成立的。其主要职责是筹集、调剂各合作社的农贷资金。1934 年 4 月，国民党军委会南昌行辕颁布了《合作金库组织通则》，并通令豫、皖、鄂、赣等省即着手其成立事宜；国民政府实业部 1936 年底也颁布了《合作金库规程》，明文规定金库为中央、省（市）、县三级，但截至 1937 年 7 月以前，只成立了一个四川省省级合作金库和山东省寿光县一个县级合作金库。③ 成立

81

---

① 张逵：《抗战以来我国合作事业的检讨》，载《合作评论》（一）1941 年 2 月 15 日第 2 版。
② 佚名：《合作消息》，载《合作评论》（一）1941 年 1 月 15 日第 1 版。
③ 中国近代金融史编写组：《中国近代金融史》，中国金融出版社 1985 年版，第 198 页。

速度十分缓慢。但在全面抗战爆发后,合作金库的成立速度却大大加快,到 1941 年,大后方共设立合作金库 417 个,其中省(市)级库 7 个,县级库 410 个。①

抗战时期大后方的合作金库之所以发展较快,究其根本原因,乃是国民政府建立战时统制经济的需要,因为实际支撑合作金库的,除新成立的中国农民银行外,还有原先成立的中央、中国、交通三银行和中央信托局。"四行一局"通过对各省(市)、县合作金库的支撑和控制,实际上控制了整个农村金融,这也在一定程度上实现了蒋介石集团削弱地方实力派,以实现"全国整合"的初衷。

第四,使农业合作运动与实行新县制相互配合。新县制本是孙中山设计的地方自治的重要步骤,国民政府在 1939 年 9 月才开始推行"新县制",成为国民政府战时持有实权的重要举措,是"国民党政治上最重大最切要之问题"。②

82

为了配合新县制的实施,国民政府在 1940 年 8 月 9 日公布了《县各级合作社组织大纲》,明确规定:"县各级合作社为发展国民经济的基本结构,应与其他地方自治工作密切配合","县各级合作社的系统,一为县合作社联合社,二为乡(镇)合作社,三为保合作社",要"以乡(镇)合作社为中心,先就每乡(镇)设乡(镇)合作社,并逐渐普及各保合作组织,以达到每一保一社,每一户一社员为原则。"③这样,在新县制推行的过程中,都对原有的合作社进行调整、撤并、重建,使之适应新县制的行政架构。到 1949 年 2 月底,在国民党统治区共有各种类型的合作社 17 万个,社员人数达 2 400 万人。在这些合作社中信用社为最多,占总数的 31%。从各省的分布情况看,以四川最多,共 26 000 多个,河南有 16 000 多个,广东有 15 000 多个,其余各省都在 1 万左右。

---

① 章少力:《农业经济:我国农贷事业之过去与现在》,载《全国农林试验研究报告辑要》1943 年第 6 期。

② 郭绪印:《新编中国现代史》,上海人民出版社 1995 年版,第 104 页。

③ 张邃:《抗战以来我国合作事业的检讨》,载《合作评论》(一)1941 年 2 月 15 日第 2 版。

第五,农贷与合作金融相结合。1937 年 8 月,政府发布《四行内地联合贴放办法》,规定农民可以各种农产品作抵押,向四行请求贷款。后来,政府又颁布《战时合作农贷调整办法》《扩大农村贷款办法》等,严令农贷不得停贷,并逐步扩大农贷放款额。1939 年,四联总处设立农业金融处。不久又先后设立农业金融设计委员会、农贷审核委员会,负责农贷的设计、审核、执行。从 1938 年起,国民政府在大后方广泛建立农业金融机构,逐渐完善农村金融网络,建立合作金库、农业仓库、农村信用合作社作为农村基层金融组织。到 1942 年 6 月止,后方共建立合作社 63 110 个,其中绝大多数为农村信用合作社。到 1943 年上半年止,大后方所建合作仓库达 344 个。1938 年,中中交农四行发放农贷 7 300 多万元,占农村借贷资金总额的 27%;1939 年,达 1. 105 6 亿元,占 33%;1940 年,达 2. 114 亿元,占 36%;1941 年,为 4. 653 亿元,占 51%;1942 年为 6. 828 亿元,占 59%;1943 年为 15. 27 亿元,占 59%;1944 年为 27. 14 亿元,占 52%。①

4.3 民国时期中国农村合作金融制度评价与分析

4.3.1 民国时期农村合作金融运动的基本评价

民国时期 "中国全部合作运动可以说是信用合作运动"②,也就是说民国时期的合作运动是以信用合作为主要内容的经济变革。这场运动既是 "民生主义" 建国方略中议定的重要内容,又是国民政府为了挽救与复兴濒于崩溃的农村经济做出的制度改革;从总体上看,对当时农村经济的发展起了一定的积极作用。

(1)为农村提供了一定数量的信贷资金,缓解了农村的金融危机

首先,它用低息的贷款使农民缓解了高利贷的盘剥。信用合作

---

① 丁日初、沈祖炜:《论抗日战争时期的国家资本》,载《民国档案》1986 年第 4 期。

② 罗正纲:《中国农村合作运动的自主路线》,载《新中华杂志》1937 年第 5 期。

社从国家及私人银行获得资金后,马上转贷给农户,利息远比高利贷借款低。据当时对江浙、两广、两湖等 15 个省市 332 家信用社调查,对农户实行 8 厘以下贷款的有 29 家,8 厘～1 分贷款的 75 家,1～1.2 分的 108 家,1.2～1.5 分以上的 50 家。① 信用合作社的贷款利息一般要比高利贷借款低 50% 左右。因此,信用合作社的农贷放款受到农户的普遍欢迎。

表 4.7　农民借贷来源调查表(%)

年份 项目	合作社	钱庄	富农	其他	合计
1933	1.3	8.9	45.1	44.7	100
1934	2.6	5.5	18.4	73.5	100
1938	17	3	43	37	100

资料来源:白越平、于永:《20 世纪 30 年代农村金融救济"量"的考察》,《内蒙古师范大学学报(哲学社会科学版)》2002 年第 2 期。

表 4.7 反映了 20 世纪 30 年代信用合作社向农户提供贷款的情况。从中可以看出,由于信用合作运动的兴起,传统借贷方式中典型的高利贷(钱庄)在农户借贷中的比例呈下降趋势,而通过信用合作方式借贷的比例却呈上升趋势。根据白越平和于永的测算,到 1936 年通过信用社取得贷款的农户可能已达总借款户的 1/5。

其次,信用合作社在组织农户运输、销售农产品、减少中间商对农户的盘剥,以及适时解决农民资金需求等问题上发挥了重要作用。例如,浙江绍兴、黄岩等地出产的特产绿茶、桐油、柑橘等,由于农民的生产技术落后,产量日见减退,故而浙江省政府筹集现款 300 万元,以最低利息贷给农民,作为改良资金,并派专人指导农民组织合作社,向政府借款,由政府管理生产,统筹运销,避免了商人操纵市场、农民利益受损。② 再如 1936 年江苏省农民银行"春耕将届,特拨

---

① 引自《东方杂志》32 卷 1 期。
② 中国农村合作出版部编印:《农村合作日报》1986 年 1 月 9 日第 3 版。

款六百万元,办理青苗贷款",由该行放款与合作社,再由合作社放与当地农民。"此项贷款取利约一分左右,定于农民税收后归还。"至于贷款方式,有两种:一为现款,由农民贷得现款后购置种子、肥料等物;一为农作贷物,即将育苗、种子、肥料等作价贷与农民。通过信用合作社,使过于集中城市的资金部分地流向农村,在一定程度上活跃了农村经济。此举受到了当时全国舆论的一致赞扬,认为这是增进农业生产,复兴农村经济的"良策"。① (见表4.8)

表4.8 江苏农民银行1933～1936年合作放款与农仓储押放款比例表

年份	1933	1934	1935	1936
合作社农本放款(元)	2 126 764	3 521 327	3 428 857	4 453 436
农仓储押放款(元)	1 281 707	5 278 621	10 471 476	17 224 078

资料来源:白越平、于永:《20世纪30年代农村金融救济"量"的考察》,《内蒙古师范大学学报(哲学社会科学版)》2002年第2期。

85

总之农村合作社的建立为农村建设做出了重要贡献。农村合作运动具有改造农村社会的功能。因为广大农户通过参与合作社的活动,必然受到合作经济思想中"平等、民主、自愿、互利"等观念的熏陶和启迪,从而形成一种新的社会道德观念和价值观念,发挥了改善社会风尚、提高农户素质的作用。对这一时期农村合作运动的建设性作用,李景汉在《中国农村合作社之发展》一文中做了贴切的总结:"在教育方面,设立民众学校与训练班,提高社员的文化知识程度;在农业方面,合作掘井,合作制造肥料,合作修缮房屋,合作养猪和合作进行一些其他农事活动,以发挥集体合作的优势;在改善习俗方面,提倡戒烟、戒酒,力图改变农村中的赌博风气;在公益事业方面,进行协力修路,协力救灾,协力植树,代作农业调查等活动。"②

① 章少力:《农业经济:我国农贷事业之过去与现在》,载《全国农林试验研究报告辑要》1943年第6期。
② 李景汉:《中国农村经济合作社之发展》,载《东北文化月报》1927年第6期。

（2）农村合作金融运动发展速度缓慢,覆盖面与贷款数量有限

农村合作运动经南京政府、各种社会团体以及金融机构的大肆渲染,在 20 世纪 30 年代以及在抗战时期的西南后方呈现出一派热闹景象。南京政府也大肆标榜"农村合作运动有两大使命:一曰繁荣农村,二曰解放农民"。有人把合作运动称为"是为全体民众谋幸福的一个重要的建设工作",但在实际上,农村合作运动的发展和效果并不像人们所设想的那么发展顺利,其发展步履维艰,效果也不尽如人意。

首先,合作社及入社农户太少(见表 4.2),信用合作运动的覆盖面有限。合作社入社人员太少的实质是因为农民的绝大多数均陷入极度贫困状态。农村合作制的开展,必须以大部分农民的相对富裕为前提,方能贫富相济。如果不从根本上解决农民的赤贫问题,农村合作运动无异于沙上筑塔。而这一时期的农村合作运动,其发展的规模和程度取决于外部条件,即政府的大力推动,而不是农民自身的经济发展的结果。

86

其次,合作社在农村金融中的贷款数量有限。1927～1936 年的农村合作运动中,信用合作社的发展一直位居首位,但从社会实际效果看,农民从中得到的贷款却十分有限。据行政院农产促进委员会1940 年的调查统计,每户农民每年需要的现金周转额,四川为552.19 元,云南为 459.09 元。而发放农贷金额最多的 1941 年,每一个加入合作社的农户平均的借贷金额仅为 112 元。[1] 入社农户仅占全体农户的 20% 左右(入社比例最高的四川省占 26%)。[2] 另外70%～80% 的广大农户由于未能入社而不可能享受农贷资金的低息之惠,因此受合作社低息之惠的农户数量十分有限。

总体而言,国民政府推行农村合作金融运动毕竟在中国农村现代化的进程中留下了重要的印迹,在客观上顺应了个体小农经济向

① 傅宏:《民国时期农村合作运动述评》,载《徐州师范大学学报(社科版)》2000 年第 12 期。
② 王文钧:《中国农村金融之现状》,载《大公报》1934 年 7 月 4 日第 4 版。

社会化生产经营发展的趋势。应该说是一次建设现代中国农村的有益尝试。今天,冷静地回顾这一运动,从经济学的角度认真地分析这一运动,尤显必要。

4.3.2 民国时期农村合作金融运动的制度经济学分析

民国时期农村合作运动是一场自下而上的制度变迁,即一开始由民间发起,随后演变为政府的大力推动。从制度变迁的角度分析,这种制度演变是一种由诱致型制度变迁转化为强制性制度变迁过程。观察其原因可以得出如下几点认识。

第一,意识形态等非正式制度对于制度变迁具有正面效应。教育家兼经济学者朱进之、新闻家徐沧水以及中国合作运动的先驱薛仙舟先生等,在中国传播合作经济思想产生了深远的影响,为后来合作运动的发展奠定了思想和理论基础。

87

第二,根据本书提出的假说,在经济相对落后的中国农村存在着合作金融制度的现实需求。当时的民国经济,首先是天灾人祸,农村劳动力锐减,耕地荒芜,农产品歉收,农业生产萎缩。据统计:1934年在全国 22 个省中,有 11 省全家离开农村的农户,占这些省农户数的 6% 以上,其中甘肃、湖北、贵州三省这个比例占到了 10% 以上。[1]农民离开土地,农村劳动力减少,造成了农业生产的萎缩,其突出表现就是耕地荒芜面积不断扩大。其次,农村金融枯竭,农民缺少必要的生产资金和农具。20 世纪 20~30 年代,农村社会动荡,促使资金流至相对稳定的城市,形成了城市资金大量集中而农村金融濒于枯竭的现象。农民缺乏资金,且告贷无门,大多数人都无钱购买必要的耕畜、农具、肥料和种子,无力维持正常的农业生产。据卜凯在 20 世纪 20 年代末 30 年代初的调查表明,我国 22 个省的 167 个地区内,小型农场有 65% 没有耕畜,中等农场有 38% 没有耕畜,中大型农场18% 无耕畜,大农场 15% 无耕畜。[2] 这场金融合作运动,就是由于农

---

① 章有义:《中国近代农业史资料(第三辑)》,三联书店 1957 年版,第 202 页。
② 卜凯:《中国农家经济》,商务印书馆 1946 年版,第 83 页。

户为谋求在当时制度下得不到的利益而产生制度变迁的需求所引发的。追求利益最大化的农户力图在给定的约束条件下,谋求确立预期对自己最为有利的制度安排和权利界定。因为,农户发现创立和利用新的制度安排所得到的净收益为正,自然就会产生制度变迁的需求。然而,这种需求能否诱导出新的制度安排,不仅取决于农户的赞同和支持,还取决于这种制度变迁是否促成了帕累托改善。更重要的还在于需要有一种力量的推动,即制度创新的发起者。在当时的制度环境下,个体农户显然难以担当起这一角色。因此,这种推动就只能借助于华洋义赈总会这样的民间组织了。它表明:在经济相对落后的中国农村,农户存在着合作金融制度的现实需求。而农户的这种制度需求只是潜在的,制度真正的产生和形成均衡,需要与之相适应的意识形态等非正式制度作为条件,否则我们就无法解释为什么农村合作金融制度会在民国时期出现,而不是更早;同时,类似于华洋义赈总会这样的"第一推动力"同样是十分重要的,甚至可能是至关重要的。

第三,国家理性的假设有利于我们解释,为什么当时的国民政府要大力推动合作金融制度的建立。近代中国以农业立国,农民占全国人口的80%以上。农业是国民经济的主要基础,中央与地方的财政依赖田赋收入,都市的繁荣也靠广大的农村为其提供生产资料和消费品市场。农村经济的破产与中国农业的危机,不仅会使得国家财政困窘,而且也会使得业已存在的社会矛盾进一步激化。经过反复商讨、上下决策,国民政府认为,农村合作运动是一个既能调剂农村金融,又能复兴农业经济的治国良方。因为,金融因素相对价格的变化与相对重要性的改变会决定国家对金融制度变迁所持态度的转变(是鼓励合作金融制度还是限制合作金融制度)。当合作金融制度所带来的收益,远大于国家推行这一制度所带来的成本时,合作金融制度的创新就会得到国家的鼓励和支持。这样的制度安排有利于国民政府实现自身的租金最大化。

第四,地方政府在这场运动中发挥了重要作用。正如本书在理论假说中假设的那样,地方政府也会从自身利益出发,希望通过地方经济发展和税收增长间接转变为上级政府以及辖区居民的"满意",从而实现自身的最终目标。因此,在制度变迁中,作为上层结构与下层结构中介的地方政府,自然成为制度供给意愿与下层结构的制度创新需求的中间环节,从而使上层结构的租金最大化与有效率的产权结构之间达成一致。正因为如此,才能够解释为什么在国民政府大规模推行农村合作运动之初,当时的江苏省政府就根据"七项国策"提前自行制定"合作社暂行条例",并筹建江苏省农民银行,同时举办合作社指导人员讲习所,从立法、金融、人才培养三方面谋求农业合作社的发展。

5. 抗战时期解放区农村合作金融运动与制度创新

5.1 抗战时期解放区的农村合作金融运动

抗战时期陕甘宁边区军民为了打破封锁,打击日寇,发展边区经济,支援全国抗战,开展了轰轰烈烈的合作化运动,信用合作是这一运动的重要组成部分。

90

5.1.1 抗战时期陕甘宁边区信用合作运动开展背景

（1）土地革命前边区的高利贷信用

土地革命前,陕甘宁边区高利贷基本上采取抵押借贷方式,主要以土地为抵押品,如果借款人到期不能偿还欠款,抵押的土地就变成典地,以所得典价来偿本付息,一旦典地到期没能赎回,就被变卖,以所得卖价来付典价。这种借贷形式,一方面使得借贷的穷苦农户更加贫困,另一方面使得大部分土地集中到少数债主手中,加大了边区农村的贫富差距,极大地阻碍了农村经济的发展。

以土地革命前陕北绥德县鹅峁峪村为例。鹅峁峪村共有 14 家农户,全村借贷总次数达 34 次,其中借贷次数最多的一户为 7 次,最少为 2 次,可见当时借贷关系在边区农村是普遍存在的。从借款数额看,数额差距较大。借款数额最多的达 85 元①,最少为 1.5 元,平均每次借款不到 20 元。在时间跨度上,借款的时间跨度较长,借贷的频数逐年递增。该村中最早的一次借款发生在 1915 年,而 1927

---

① 此处的"元"指土地革命前的银元,本章其他部分出现的"元"除特别说明外均指"边币"。

年以后借贷的次数多达 24 次,其中有 19 次发生在 1930 年以后。从计息方式和利率水平上看,借款利率很高,一般按月计算。普通的月息为 3%,最高的可达 5%,低的也达 1.5%,利率一般采取复利方式计息。贷款的抵押品大部分为土地,一般来讲用于抵押的土地可分为三类:山上的坡地叫做山地,两山之间的平地是川地,有水可浇的是水地;山地最多,水地最少。在产量上,川地同普通旱地相仿,每垧(合 3 亩)地可作为抵押借款 10 元;每亩旱地可抵借 3 元,在该村中所有 14 户中没有一户能做到按期偿还,大部分都是欠息或欠本的。[①]

(2)抗战时期边区高利贷信用的活动

经过土地革命,陕甘宁边区农村旧的借贷关系基本得到整顿。但是,随着抗战时期经济的发展,农村借贷需求增加,而当时借贷生息行为被视为非法行为,使得资金丰裕者不敢公开放贷,农民告贷无门,高利贷或变换手法暗地里乘机发展。

——"挖崩子账和探买探卖"

抗战时期陕甘宁边区的高利贷主要以"挖崩子账"和"探买探卖"的方式存在。所谓"挖崩子账"是指在当时历史时期下延安附近各集市上的借款方式,借贷以一集为期,一集为 5 天,大加一的利,即借 5 天,每元 1 毛的利钱,也就是说 5 日息利率就达 10%,最高的时候一集的利率达 15% ~ 20%。所有这些借贷都是在暗中进行的,借贷双方均对外保密。这种高利贷借贷方式,俗称"挖崩子账"。"探买探卖"(也叫"买青卖青"或"卖青苗")则是当时边区一种较为公开的高利贷形式。这种借贷方式采取以即将收获的粮食为抵押,借入钱款。具体做法是:将还是青苗的粮食在收获前三四个月,以低于市场价格出售,收获后再交付粮食。探卖价格一般在交粮前四五个月的为市价一半,即等于实物利息百分之百。如 1943 年"物价飞涨时,往往有交粮时价格高于探买探卖价格十倍至二十倍"[②]。"探买探卖"的直接后果是"探

91

卖一季粮食,三年也翻不过身",但有些农民迫于需要,仍旧不得不"探卖",这显然对农民和整个农村经济是不利的。①

在利息形式上,当时主要存在六种利息形式。第一种是借粮还粮,以粮为息。如在赤水当年(1943 年)放麦一斗,来年秋后收一斗五升;第二种是放粗食还细粮,如在赤水当年放荞麦或高粱一斗,第二年收麦一斗;第三种是放钱收麦,如在东淳耀,当年放出 60 元,来年秋后收麦一斗;第四种是盐息,在赤水每千元每月 50 斤盐的利息;第五种是借钱还钱的短期高利贷,如新正长头集上每百元每集 30元,一月六集,一月的利息几乎超过本钱的一倍;第六种是放钱粮息,即本金还钱,利息以粮食的形式进行支付。②

——"请会"

"请会"是边区农村一种旧的信用关系,土地革命前曾普遍在边区各地流行,其利息一般均比放贷低(因为利钱已被事先扣除),土地革命后这种形式也就随之消失。但在抗战时期,随着边区经济的发展,农村借款关系的增多,借贷需求增加,"请会"又重新出现。

所谓"请会"就是一种利息事先扣除、整借零还、多人扶助一个人的借贷方式,是所有高利贷借贷方式中利率最低的一种。当时流行的"请会"有两种,一种叫做"画会"(又叫"标会"),一种叫做"借会"(也叫"凑会")。其中以"画会"方式最为普遍。通行的做法是:需要借钱的人("会主")找两个保人出面"请会","随会"的人大多是亲朋好友,也就是提供贷款的人,他们在"第一会"给"会主"一定数量的"老会"(也称作"会底",即借贷的资金),"会主"得到"老会"后,在规定期限内分若干次"会"逐步偿还本金③。一般来讲,"会主"除按期偿还本息之外,还需负担"请会"(第一会)和"散会"(尾会)时请吃酒席的费用。

"画会"和"借会"的区别在于:"画会"的会主往往有多个,谁能

---

① 《南区合作社办理信用合作的经验》,中共西北局调查研究室,1944 年。

② 《关中专署租息问题初步研究》,1943 年 2 月 13 日。

③ 利息已提前扣除,贷款以贴现方式发放。

"得会"(即取得借款)采取投票的方法决定,其关键是"画利"(即报价),谁画的利大谁就得会。利有明暗两种,一元钱的明利一般为一毛(即10%),还本时加上明利还出;暗利是得会人自愿报出的利息,利息在"随会"交钱时从借款额中事先扣除,还本时按借款额偿还。一般情况下,画利是秘密的,以便急于借到钱的人相互竞争,抬高利钱。抗战时期的"画会"大多只有暗利,没有明利,明暗两利都有的占少数。"借会"虽然也叫做"请会",但实际上是一种纯粹互助性质的无利息借贷,不属于高利贷。不过"请会"(第一会)和散会(尾会)时请吃酒席的费用还是要出的。"借会"这种借贷方式在抗战时期边区的借贷活动中仅占很小的比例。

表5.1　延安县姚店子一带"请会"情况统计

庄名	全庄户数	请会随会户数	占百分比
姚店区三乡白家崖	40	28	70%
姚店区三乡童家沟	40	18	45%
川口区五乡庙沟	31	10	33%

资料来源:黎以宁:《延安县姚店子一带"请会"零星调查材料》,1943年。

　　根据黎以宁1943年对延安县姚店子一带"请会"情况所做的调查的数据可以看出(见表5.1),当时在延安姚店子一带"请会"这种借贷方式还是比较普遍的。在上述三个庄子"请会"和"随会"的户数分别达到了70%、45%和33%。对于大部分"请会"的人家来讲,大多都是为了解决"婚丧"及开饥荒(经济困难)问题。[1]

　　"请会"、"挖崩子账"、"探买探卖"等旧的借款形式的出现和流行,说明边区农村需要建立一种新的借贷关系来解决农民的需要。正是在这种背景下,陕甘宁边区政府在推动合作化运动的同时于1940年前后开始筹建农村信用合作社,拉开了边区农村信用合作运动的序幕。

---

① 黎以宁:《延安县姚店子一带"请会"零星调查材料》,1943年。

5.1.2 陕甘宁边区信用合作社的组建、组织形式及业务活动

（1）边区信用合作社的建立与发展

在合作运动的热潮中,1940 年陕甘宁边区各地陆续出现了农民自发组织的形式比较简单的信用合作社,如关中赤水劳动英雄蒲金山创办的老户集粮借给新户的粮食信用组织。到 1944 年,全县共集粮食 662 石,放出粮食 580 石。再如,1943 年米脂各区农会本着防荒的目的,号召农民成立了 17 个小型的粮食信用合作社。该信用合作社共计入股粮食 108 石,以低利或者无利放给贫苦农民。

在边区经济发展推动下,1943 年 3 月延安正式成立了延安南区沟门信用合作社,这是边区的第一个规模完备的信用合作社。当时的信用合作社全部资产仅 10.8 万元,其中流动资金共计 3.8 万元,至 1944 年 2 月,一年之内股金扩大至 360 万元,存款累计 580 万元,放款累计 954 万元。1944 年春在政府和边区银行帮助下,先后在延安各区成立信用合作社 7 个,在安塞、曲子各成立 1 个,完全采用沟门的运作模式。这一时期在陕甘宁边区成立的农村信用合作组织主要是在群众中自发成长出来的,这些自发形成的信用合作社在当时对于遏制高利贷、促进边区生产和方便群众生活等方面都起到了积极的作用。

1944 年 6 月边区合作会议制定了大力发展信用合作社的方针,提出每区建立一个信用合作社的口号,有力地推动了边区农村信用社合作运动的开展。至当年 9 月,据延属分区统计:信用合作社由 5 月的 8 处增加至 23 处,股金达 4 400 万元,存款达 1.122 亿元,放款 1.8 亿元。至 12 月边区信用合作社又增至 86 处,资金增至 5 亿元。[①] 至此轰轰烈烈的信用合作运动在边区全面展开。

（2）信用合作社的组织形式

在当时情况下,边区信用合作社的组织形式大体有以下两种:

[①] 《边区信用合作的检讨》,陕甘宁边区政府建设厅、边区银行,1945 年 12 月。

第一种是信用合作社作为综合性合作社的一个下属单位,下设有消费合作业务,其消费合作业务服从于信用业务,从信用合作社内部来调剂资金,如沟门信用合作社。

第二种是信用合作社作为综合性合作社下属的一个单位本身,除信用业务外,不从事其他业务经营。这种组织形式又可分为两个类型:一个类型不仅在名义上和资金上保持独立,而且在业务上也独立经营,是专门从事信用业务的经营单位,如当时延安的川口信用合作社;另一个类型,虽然在名义上和资金上保持独立,但其业务由其他单位兼办(如消费社兼办),如当时延安的河庄信用合作社。

在当时的历史背景下,信用合作社具体采取哪种形式,与信用合作社成立时的基础有密切关系。通常有一定资金,有相当的业务基础和专门掌握信用合作社业务干部的地方,多采用沟门信用合作社的形式;有资金、有干部;但业务刚开始的地方,便采用延安川口的信用合作社的形式;已有相当资金,但干部缺乏,业务不大,无法设立专门信用合作社,则采用延安河庄信用合作社的形式。[1]

(3)信用合作社的各种业务活动

在当时条件下,信用合作社资金的主要来源是存款,所以信用合作社业务重心偏向于吸取存款,为此,主要采取的政策有二:一是利息引导,即支付必要的利息和保证还本付息;二是提供便利服务,即储户可以随时存取款,不受时间限制。这两项政策的实施极大地便利了群众的生产和生活。为了认真贯彻这两项政策,边区政府积极采取多种措施,以保证扩大存款资金来源。具体包括:严格反对任何形式的强制或摊派(如存款入股限制),以达到大量吸收存款的目的;督促信用合作社干部深入基层农村,把下乡宣传与货郎担子结合起来以扩大信用合作社的影响。此外还通过各种措施纠正某些干部依赖边区银行投资的想法。针对当时民间所存白洋(即银元)较多的现状,边区信用合作社采取各种利导措施吸收白洋存款,对于所得白洋

---

① 肖长浩:《介绍边区的信用合作社》,载《解放日报》1945年7月1日第三版。

全部上缴银行,绝对禁止买卖,其利息则折付边币,并鼓励将白洋折成边币存入。法币存款一律折成边币,首饰、银器则由信用合作社自行设法推销后折边币存入,其利息均以边币支付。①

当时信用合作社的放款类型一般有两种:生产性放款和临时性放款。放款的主要目的是为了直接促进生产,发挥资金的最大效能,为此,信用合作社对于借款需求采取了较严格的审批制度。边区信用合作社对于放款的用途及其实效进行严格的审查。放款主要以生产性贷款为主,此外,对于婚丧急用以及某些经营正当商业、脚踏实地的小商人一时资金不足,则采取酌量发放临时性贷款的政策,但对于不正当的用途与无还本付息保障的则采取拒绝的政策。同时,为了确保放款安全,信用合作社一方面要求借款人必须有保人担保,规定保人不得借款;另一方面还对借款人进行定期检查和监督,并帮助借款人为还款做准备,以确保放款的顺利回收。②

针对当时边区物价极不稳定以及利息普遍偏高的情况,信用合作社在确定利率水平时采取以下三种策略:一是采取灵活调整的利率政策,逐步降低利息,以达到低利借款,抵制高利贷的目的。二是为了吸收存款,推进储蓄,利息率按照不低于社会上一般利润率,并逐渐达到低于或者相当于生产利润的原则制定。在当时条件下,信用合作社的贷款利率既不能过高也不能过低,因为,贷款利率过高,抑制高利率的目的就难以达到;而利率过低,又可能导致从信用合作社套取资金,助长金融投机活动。因此,当时边区的信用合作社贷款利率水平的高低,采取以物价变动及一般利润为标准,同时参考当地借款关系及信用合作社资金状况的方法确定。三是采取差别利率政策。生产用的借款利息采取低于商业借款的标准,尤其是对于有特殊需要的生产事业,另外对于贫苦的工人、农民采取酌情减少利息的

---

① 《关于信用合作社问题材料》,《陕甘宁边区政府建设厅、边区银行给贺龙、陈云同志的报告》,1944 年 10 月 14 日。

② 肖长浩:《介绍边区的信用合作社》,载《解放日报》1945 年 7 月 1 日。

政策。① 边区信用合作社当时利率升降主要根据当时当地一般物价变化、当时当地社会企业利润、当时当地旧的借贷利息水平、借款的性质、用途、对象(团体或个人)等情况而定,除了考虑这些基本因素外,也注意照顾不同信用合作社的资金状况,允许信用合作社在不同时期不同情况下适当做出调整,采取因地、因时、因事制宜的原则,制定符合实际生产、生活水平的利率,促进社会生产发展,满足城乡人民的需要,有效地杜绝高利贷和投机金融活动,保护广大群众利益的利率调整政策。②

5.2 抗战时期陕甘宁边区信用合作运动

5.2.1 边区信用合作社运动的基本评价

抗战时期陕甘宁边区信用合作社运动的开展,在当时的历史条件下顺应了生产力发展的客观要求,对于边区的经济发展起到了积极的促进作用。具体表现在:

第一,有力地打击了高利贷。在当时的内外部环境下,伴随着农村经济的不断发展,民间资金需求大大增加,但由于商业信用不发达,为高利贷的盛行提供了市场,使得一些商业资本甚至一些机关自给生产的资金也流向高利贷,很大程度上妨碍了农业生产,加重了农民的负担。信用合作社成立以后,一方面,有效地抵制了这些剥削手段,减轻了农民的负担,使得借贷供求关系趋向平衡,借贷利息逐渐下降。如沟门一带 1944 年 2 月成立信用合作社,至 1944 年 10 月,民间借贷的"月月钱"的利率(即以月利为基数的复利)就由 20% ~ 30% 跌为 15% ;李家渠"月月钱"由 30% ~50% 跌至 20% ~25% ,该地的"挖崩子账"利率由每集 25% ~20% 跌为 5% ~ 10% ;③而更早

① 《关于信用合作社问题材料》,《陕甘宁边区政府建设厅、边区银行给贺龙、陈云同志的报告》,1944 年 10 月 14 日。
② 肖长浩:《介绍边区的信用合作社》,载《解放日报》1945 年 7 月 1 日。
③ 《关于信用合作社问题材料》,《陕甘宁边区政府建设厅、边区银行给贺龙、陈云同志的报告》,1944 年 10 月 14 日。

成立信用合作社的南沟一带"探买探卖"现象和"月月钱"等高利贷活动则基本绝迹。① 伴随着信用合作社运动的不断深入,边区旧的民间高利贷逐步趋于没落,"信用合作社逐渐成为边区农村金融的纽带"②。另一方面把农村中的游资集中起来调剂了农村金融。信用合作社将暂无用途须待积累而备存起来集中运用的闲钱,转到急需用钱的农户手中,减少了高利贷投机的机会。

第二,组织构建了新的借贷关系,调剂了农村金融。首先,抗战时期边区农村存着较大的资金缺口,有较强的资金需求,尤其是伴随着农村经济的发展,边区运输业及内部市场的日益兴盛,这一趋势就更加趋于明显,加之传统的旧式借贷关系的层层盘剥,广大人民群众渴望有一种新型的符合广大群众利益的借贷关系的产生。自土地革命之后,边区的生产力有了很大的发展。在大生产运动中,边区广大农户的生产热情空前高涨,对资金的需求持续增长,为了解决生产中购置耕畜、农具,支付工资以及临时性的周转困难,也急需一种适合农村环境的新型的信用组织。③ 其次,当时边区的农村内部存在着资金闲置,有形成新的借贷关系的客观基础,即存在着借贷资金的供给。具体表现在:一些农民和手工业者在出售劳动产品后手中有闲置资金;各机关、部队、学校人员由于历年的生产自给运动,手中也存有资金剩余,加之老人和妇女手中的养老金和私房钱等,民间存在大量资金闲置。④ 到日本投降之前,全边区信用合作社吸收存款共计约 15 亿元,其中大部分是干部和农民的存款。此外,全边区信用合作社还吸收了 3 万多块银元和若干首饰。⑤ 这些都表明当时边区事实上存在相当数量的闲置资金,完全有可能也有必要通过金融合作方式,变闲置资金为生产性资本。

---

① 《延安信用合作社总结》,陕甘宁边区合作社联席会议参考材料之五,1944 年 6 月。

② 肖长浩:《介绍边区的信用合作社》,载《解放日报》1945 年 7 月 1 日第 2 版。

③ 佚名:《沟门信用合作社调查》,边区政府内部资料调查报告 1944 年 2 月。

④ 肖长浩:《介绍边区的信用合作社》,载《解放日报》1945 年 7 月 1 日第 2 版。

⑤ 《边区信用合作的检讨》,陕甘宁边区政府建设厅、边区银行,1945 年 12 月。

在边区合作化运动的推动下,伴随着信用合作社运动的开展,边区信用合作社充分发挥了集中闲置资金,调剂农村金融,促进边区经济发展的积极作用,同时一种新型的借贷关系也逐渐在边区得以确立。

第三,扶助了农业生产,促进了边区经济发展。抗战时期边区信用合作社的放款,主要是用在生产上。当时边区政府发展信用合作社的基本目的就是"发展储蓄,组织借贷,扶助生产"。在实际中"信用合作社不仅对运输及农村农副业的短期借贷发挥了很重要作用,而且在解决农忙时锄地工资及夏冬换置衣服方面,都起到了临时周转的作用,直接和间接地扶助了生产,发展了农村经济"①。

第四,奖励了储蓄、推动了节约。信用合作社的利息导向作用,激励了各阶层的人士将其闲置的资金存入信用合作社,"经过信用社吸收为存款,对社会是活跃了金融,对个人则起了储蓄作用,可以生息取利"②。同时将零星资金汇聚起来,避免了浪费,也倡导了节约的风尚。

99

总之,边区信用合作社在边区合作化运动中,对于边区社会经济发展起到了不可替代的积极作用,信用合作社所起的作用就是"实行低利借贷,抵制探买粮和高利贷,吸收民间游资,转入生产,流通金融"③。"用人民的存款去借给需要资金发展生产的人民。所以信用合作社是组织人民游资,发展人民生产的杠杆",④通过组织借贷,使闲散资金得以聚集和盘活,再投入到生产中去,促进了边区社会经济的发展。这场信用合作运动,一方面有效地抵制了旧的借贷关系,减轻了广大农民的负担;另一方面构建了新型的、适应生产力发展要求的信用关系,变革了旧的生产关系,极大地解放了生产力,促进了边

---

① 《边区信用合作的检讨》,陕甘宁边区政府建设厅、边区银行,1945 年 12 月。

② 《关于信用合作社问题材料》,《陕甘宁边区政府建设厅、边区银行给贺龙、陈云同志的报告》,1944 年 10 月 14 日。

③ 《陕甘宁边区合作社联系会议决议》,1944 年 7 月 7 日。

④ 《关于信用合作社问题材料》,《陕甘宁边区政府建设厅、边区银行给贺龙、陈云同志的报告》,1944 年 10 月 14 日。

区经济的复苏和发展。这场信用合作运动不仅为我们留下了宝贵的、值得借鉴的历史经验,而且为我们认识制度变迁的特征留下了极其宝贵的历史资料,对于我们当前正在开展的农村信用合作社改革也具有重要的启示意义。

5.2.2 抗战时期陕甘宁边区信用合作运动的制度绩效

有趣的是,抗战时期陕甘宁边区的信用合作运动在制度变迁的方式上有着同民国时期信用合作相似的特征,即这场信用合作运动是一场自下而上的制度变迁,它一开始由民间发起,随后演变为政府的大力推动,所不同的是这种诱致型制度变迁并没有转化为强制性制度变迁。

抗战时期陕甘宁边区信用合作运动之所以得到了广大老百姓的大力支持和积极参与,就在于制度变迁对于打击高利贷、鼓励储蓄、调剂农村金融、扶助农业生产和促进边区经济发展方面能够发挥重大作用,同时降低了农户融资成本和经营风险,满足了农户的制度需求。

有利的制度环境促进了信用合作运动的成功。当时边区政府在合作化运动中,一开始就明确提出各类合作社是"民办公助"性质的合作组织,并且十分清楚地界定了政府引导的范围和程度,指出"民办公助就是人民办他自己的事,党政帮助他们。民办为主,公办为辅。……合作社的工作当然政府要帮助,但是,只应该在方针政策上加以领导帮助……"[①];"各级党委都要把合作社放在一个重要位置上,经常和老百姓讨论研究,但党不是包办,而是指出方针,研究办法,纠正缺点"[②]。具体到信用合作方面,边区政府的引导不仅体现在制定相关政策、确定业务服务方向、建立管理制度以及边区银行必要的支持。而且体现在政策制定上,除了强调信用合作社的"合作经

---

① 高自立:《合作社联席会议总结报告》,1944年7月。

② 高岗:《合作社要为群众办事》,《在西北局招待合作社主任大会上的讲话》,载《解放日报》1944年7月2日第1版。

济与民办公助"的性质之外,主要体现在确定合理利率水平的原则,因为,"只要信用社利率订得恰当,人们不用的钱就会涌入信用社来……"①;在业务服务的方向上,明确信用合作社主要任务是"组织信贷,发展生产,通过组织信贷把闲散的资金全变为活动的资金而投入生产事业"②。当时边区政府的这些行为完全可以用我们在前面章中所做的假定加以解释。

陕甘宁边区信用合作运动的经验表明:真正的信用合作社是自下而上建立的,乡、村是其立足和存续之本。其业务主要集中在村庄社员之间的资金融通,社员之间的信任和信息对称是其开展资金融通的基础。因此,信用合作社的有效边界其实应当就是村落的边界。突破了村落的地线和血缘边界,信息不对称就会产生,借贷风险也会大幅增加。

---

① 肖长浩:《介绍边区的信用合作社》,载《解放日报》1945 年 7 月 1 日第 2 版。

② 《关于信用合作社问题材料》,《陕甘宁边区政府建设厅、边区银行给贺龙、陈云同志的报告》,1944 年 10 月 14 日。

6. 新中国成立以来农村合作金融
制度变迁与农户行为分析

6.1 改革开放之前农村合作金融制度变迁及其分析

新中国成立之后,在农村的合作金融组织主要有两种:农村信用合作社和农村合作基金会。下面分别对这两种类型的合作金融组织的演进历程作一回顾。

6.1.1 改革开放前农村信用合作社的演进历程

农业信用社夯实基础,普及发展阶段(1950~1957):1951年,中国人民银行下发《农村信用合作社章程准则(草案)》和《农村信用互助小组公约(草案)》,明确规定:信用社是农民自己的资金互助组织,不以营利为目的,组织形式可以多样化,优先向社员发放贷款,银行为信用社提供低息贷款支持。中国人民银行于1954年2月召开的第一次全国农村信用社会议,对农村信用社的发展起了巨大的推动作用。1955年底,信用社达到15.9万个,吸收入股农户7 600万户,占到了农村农户总数的65.2%,基本达到了"一乡一社",提前实现了信用合作化目标。1955年以后,针对信用社存在的问题,按照民主管理健全等标准开展了巩固信用社的工作。1956年,全国已有农村信用社1.3万个,吸收入股农户近1亿户,存款达4.32亿元,贷款10亿元,生产贷款占到42.4%。这一时期的农村信用社,实行社员民主管理,资本金由农民入股,主要为社员的生产生活提供信贷支持,基本保持了合作制的性质。信用合作社在发展中注重坚持民办,在理论和组织形式上基本采取了比较规范的合作经济模式。

农村信用社合作性质改变,发展停滞不前、衰退阶段(1958～1962):1958年,"大跃进"开始,中国进入高度集中的计划经济时期,按照西方市场原则确立的合作社的组织管理模式逐步被计划原则确定的人民公社代替。1959年,信用社下放到生产大队,改为信用分部,工作人员由生产大队统一管理、盈亏由生产大队统一核算,信用社的作用被大大削弱,正常的信用关系遭到破坏,资金被大量挪用,信用社的业务经营秩序遭到破坏,社员和储户利益受到侵害。1962年,社员储蓄由1958年末的20亿元下降到9.7亿元。1962年11月,《农村信用合作社若干问题的规定》明确指出,"信用合作社是农村人民的资金互助组织,是国家银行的助手,是我国社会主义金融体系的重要组成部分"。这一阶段的农村信用社在改革与发展过程中逐步由民办走向官办,组织管理模式的市场经济原则逐步让位于计划经济原则,计划色彩越来越浓重,信用社原有的多元化资金主体被单一的生产大队管理关系取代,信用社合作组织性质已经不复存在。

农村信用合作社接受国家银行控制和领导阶段(1963～1978):从这一时期开始,农村信用社的干部由国家银行任命,财务、业务、工资待遇等一律比照银行进行管理。1965年,信用社各项存款48亿元,比1962年末增加20亿元。1966～1970年间,受"文化大革命"影响,信用社业务状况起伏不定,规章制度遭到破坏,财务混乱,业务一度出现停顿。1970年,信用社由贫下中农管理做法废止后,业务状况又有所好转。1975年,信用社存款由1970年的76亿元增加到135亿元。国务院在1977年出台的关于整顿和加强银行工作的几项规定中,明确指出信用社是集体金融组织,又是国家银行在农村的金融机构,避免了信用社受人民公社和生产大队领导而名存实亡,防止了信用社资金可以任意挤占挪用,强化了银行对信用社的领导权。但同时,这种管理体制使信用社严重脱离了社员群众而丧失了集体所有的合作金融组织特点,逐步演变成为国家专业银行在基层的附属机构,彻底实现了由民办走向官办的转变。

经济决定金融,在特定的社会经济和政治制度下,一定的金融组织形式离不开相应的宏观经济管理体制背景,并与政府的政治目标高度一致。纵观农村信用社 1978 年以前的改革与发展历程,不难发现,正是社会经济管理体制和经济主体的变迁,导致信用社的经营管理权不断地发生易位,造成由最初的民办民管最终走向官办官管。由于政治上的原因,农村信用社经历了由人民公社、生产大队、贫下中农、银行管理的体制变迁。农村信用社由合作金融组织演变成为国家银行的基层机构,是由单一的人民公社集体所有制经济体制决定的。计划经济体制下,国家通过人民公社达到控制和管理农村经济的目的,农村经济的运行实际上成为国家控制下的人民公社经济的运行,人民公社成为农村的唯一投资主体。单一的投资主体要求单一的金融机构与之相适应,政社合一的体制需要与之性质类似的国家银行等金融机构,而不是农村信用社这样的合作金融组织。

6.1.2 改革开放前农村合作金融制度变迁分析

我国农村地区一直存在中小经济个体(农户和个体经济户)的融资需求,存在融资层面互助合作的现实需求。然而改革开放之前,一系列制度安排并没有真正按照合作之原则规范农村合作金融机构——农村信用社。如果说第一阶段(1950~1957)农村信用社,实行社员民主管理,资本金由农民入股,主要为社员的生产生活提供信贷支持,基本保持了合作制的性质的话,那么,随后农村信用社的变化就基本脱离了合作金融性质,演变成为国家银行在基层的附属机构,完成了由民办向官办的转化。

这一时期农村合作金融制度的变迁表现为自上而下的政府强制性行为,而非农村经济主体自主性行为。农村信用社从最初的合作组织到人民公社的一个部门,再到国有农业银行的基层机构,采用了政府供给主导型强制性变迁的方式。政府作为权力中心和推动制度变迁的第一行动集团,在决定与推行农村金融制度变迁时,既有促进农村金融效益最大化的动机,更有巩固既定经济体制和自身利益的意愿。因此在"一大二公"原则指导下,将农村信用社并入人民公社再并入国有银行,就成为政府推动农村金融制度变迁的理想选择。整个制度变迁过程中,农民及农村信用社只是被动的接受者。

之所以这一时期政府强制推行农村合作金融制度的变迁,是与政府的目标函数相一致的。这一时期国家为了实施工业化战略、建立计划经济体制,必然追求垄断的产权形式,这就意味着国家拥有了对社会经济资源的控制权和社会产出剩余的支配权。因此,控制农村金融资源,剥夺农民自由支配资金的权力,也就顺理成章了。在这一背景下,农村信用合作社日益偏离合作经济的性质,其内部必需的、现实中形成的实施机制失去了创新的可能,进而演化为国家银行的附庸也就是必然的。真正的合作金融机构应"主要为社员服务",不以赢利为主要目标。既然社员不能真正合作,又缺乏民主管理,农村信用合作社改变经营方略则势在必然。

6.2 改革开放以来农村信用合作社制度变迁

105

6.2.1 农村信用社改革的试错阶段(1979~1995)

1979 年,以家庭联产承包责任制为目标的农村经济改革在全国展开,农村经济体制变革引起农村资金需求实现了由集中化向分散化的转变,农村信用社服务对象由社队集体转向分散农户、个体工商户、乡镇企业和各种经济联合组织。农村和农业产业结构调整引起农户的贷款结构发生变化,过去农民个人贷款主要用于治病和解决生活困难,随着土地关系调整及多种经营发展,农户满足经营性资金需求的贷款需求成为农户金融服务需求的主要内容。农户收入的稳步增长使其对农村金融服务需求的种类增加,由单一的存贷款需求转向结算、汇兑、租赁、信用卡等多元化金融服务需求。

在这一背景下,1980~1981 年国家采取了搞活农村信用社业务,扩大农村信用社业务经营自主权,理顺农业银行和农村信用社的往来利率关系等一系列改革措施,但始终围绕信用社作为银行基层机构的体制进行,改革没有取得实质性进展。1982~1984 年,以恢复信用社"三性"为主要内容进行的改革,即通过组织上的群众性、管理上的民主性、业务经营上的灵活性,把农村信用社真正办成群众性的合作金融组织,充分发挥其调剂农村货币流通作用,适应农村经济发展需要。1984 年,国务院 105 号文件批转中国农业银行《关于改革信用社管理体制的报告》,明确提出要把农村信用社真正办成群众性的合作金融组织,在农业银行领导、监督下,独立自主地开展存贷业务,成立了由其控制的县联社。采取了诸如吸收农民入股,取消入股数量限制,按盈余对股民分红,恢复社员代表大会制度及干部选举制,变农业银行对信用社的指令性计划为指导性计划,建立县联社领导基层社等措施。这一时期,920 个县的信用社实行了浮动利率,提高了资金使用效益,1 136 个县成立了县联社,扩大了经营自主权,在体制和资金关系上增强了信用社的独立性。1985 年以后,取消了农业银行对信用社的亏损补贴,明确了农业银行与信用社的业务关系,信用社开始独立经营、自负盈亏。

106

　　这一时期虽然提出"把农村信用社真正办成群众性的合作金融组织",强调恢复农村信用社组织上的群众性、管理上的民主性、业务经营上的灵活性,但是,农村信用社由农业银行全面接管,并没有改变农村信用作为国家银行附庸的地位,只是改变了主管的部门,农村信用社转而成为农业银行的基层附属机构。农户对于农村信用社根本谈不上有监督和管理权力,由于上述"三性"无法落实,在经营上自然受国家偏好左右,并通过农业银行实施,于是贷款大量投向乡镇企业,农民失去对信用社经营活动的监督权。这种名为合作金融组织其实是国家银行附属机构的管理体制暴露出诸多问题:一是混淆了两种不同所有制的金融组织界限;二是农业银行与农村信用社存在利益偏差;三是信用社被管得过死,丧失了经营自主权,难以发挥合作制组织优势;四是农村信用社与农业银行一套人马、两块牌子,信用社的官办特征明显,存在着行社共同吃财政大锅饭问题;五是农村信用社按行政区域设置机构网点,不接近农户,信息不对称难以避免。

　　社会主义市场经济理论提出前后,理论界关于合作金融的争论,仍停留在其性质是否属于集体所有制经济上,过于强调农村信用社的公有制性质,实际结果是信用社的管理体制并未发生实质性的改变。

6.2.2 农村信用社改革全面启动阶段(1996～2002)

20世纪90年代初期,农业产业结构和农村经济结构的调整,促进了乡镇企业和农村的二、三产业的迅速发展,非农产业发展成为农村经济的新的增长点,与此相适应,农村金融机构的服务对象也逐步由农业转向非农业。相对于农业而言,非农产业的资金需求规模大、周期长。鉴于农村金融机构的既有贷款规模和管理方式不能适应新业务的需求,农村大量的非正式金融机构,例如农村合作基金会、乡镇企业基金会、农民储金会等应运而生。与此同时,民间借贷市场日益活跃,高利贷现象严重,农村金融市场发展一度陷入混乱。特别是1992年以后,各地逐步兴起的开发热和达标热,不切实际的"政绩工程"和"面子工程",使得地方政府纷纷介入农村金融市场,集资、高息吸储、行政指令性贷款等,进一步加重了农村金融市场的混乱。为了治理和理顺农村金融市场秩序,中央于1996年推动了新一轮的农村金融体制改革。

1996年8月22日,国务院出台关于农村金融体制改革的决定,开始实施以农村信用社管理体制改革为重点的新一轮农村金融体制改革。首先,农村信用社与农业银行脱离行政隶属关系;其次,由农村信用社县联社和中国人民银行承担对农村信用社的业务管理和金融监管;最后,按合作制原则对农村信用社进行规范。改革目标是恢复农村信用社的合作性质,把农村信用社逐步改为由农民入股,由社员民主管理,主要为入股社员服务的合作性金融组织。

与此同时,中国人民银行和财政部分别发布了《农村信用社管理规定》和《金融保险企业财务制度》,对于农村信用社现有的股权设置、民主管理、服务方向、财务管理等进行规范。一是改变单一股权结构,增加团体股,吸收农户、农村集体经济组织和农村信用社职工入股,适当充实股本;二是建立健全社员民主管理制度,实行一人一票制,充分发挥社员代表大会、理事会、监事会的积极作用;三是坚持主要为社员服务的方针,优先安排对农村种植业的贷款,对本社社员的贷款不少于全部贷款金额的50%;四是按规定交纳准备金,留足备付金,资金运用实行资产负债比例管理,多存多贷、少存少贷、瞻前顾后、合理调剂。

《关于农村金融体制改革的决定》允许在城乡一体化程度较高的地区,将以金融商业化经营的农村信用社组建成农村合作银行,部分省市可于 1996 年下半年进行试点。农村合作银行是按照《商业银行法》要求设立的股份制商业银行,设在县及县级市,由所在县(市)财政、各类企业及居民个人依法投资入股组成,实行一级法人制,资本金不少于 5 000 万元,固定资产贷款不得超过贷款总额的 30%,主要为农业、农产品加工业及农村其他各类企业服务。农村合作银行组建后,原农村信用社法人资格取消,作为农村合作银行的分支机构开展业务;不加入农村合作银行的农村信用社,要办成真正的合作金融组织。

108

1996 年,农村信用社与农业银行脱离行政隶属关系后,内部管理逐步规范,资产质量及经营状况有所好转,支农投入明显增加。2002 年,农村信用社不良贷款比例比 1999 年下降了 14 个百分点,2000~2002 年,农村信用社分别减亏增盈 52 亿元、38 亿元和 71 亿元,亏损额分别减少 23%、17% 和 32%,亏损面分别下降 10 个、9 个和 12 个百分点。这期间各地农村信用社农户小额信用贷款和农户联保贷款的开展有效缓解了农民贷款难问题,在支持农民增收和促进农村经济发展中发挥了重要作用。但由于认识上的合作金融理论存在着误区,实践中缺乏合作金融正常发挥的环境,对农村信用社改革方案的设计还存在一些问题:

首先,改革方案没有涉及农村信用社产权制度,社员入股资金及其他资源的私人财产所有权缺乏保障。由于存在对合作经济与集体经济认识上的混同,这次改革既没有将信用社以前积累资产进行股权结构量化到个人,也未能在信用社增收资产与个人产权之间建立起股权彻底量化的对应关系,导致入股社员的私人财产权得不到尊重,入社积极性受挫。

其次,改革方案未能有效解决信用社长期存在的所有者缺位和内部人控制问题,无法建立权责明确的法人治理结构。农村信用社自主权的增长,使农村信用社有成为一个既相对独立于国家银行,又独立于农民的利益集团的趋势,而且有形成内部人控制的迹象,农村金融发展的直接利益大部分为信用社系统自身所占有。

再次,缺乏适合合作金融自身特点的行业管理体制。由中国人民银行兼行行业管理和金融监管职能,既超出了中国人民银行职能范围,又对农村信用社规范发展造成负面影响。建立金融管理当局行政管理与合作金融组织行业自律管理相结合的行业管理体制,是国外已有的经验做法,但《关于农村金融体制改革的决定》明确指出:建立农村信用社的行业自律性组织问题,要待上述改革完成后另行制定办法。这样,农村信用社因多方原因造成的经营业绩低下现实,与金融改革对其提出的改善经营特别是降低不良资产的刚性目标,往往使人民银行救火队员的角色重于执法者的角色,金融监管的有效性被大打折扣。从另一方面讲,由于农村信用社的行业管理部门已成为人民银行的内设科室,有的地区甚至是行业管理负责人领导着合作金融监管部门的负责人,这必然造成监管者与被监管者的角色错位。

同时,国家没有针对农村信用社的支持措施和风险补偿机制。国家也未对合作金融单独立法,在税收、补贴、金融政策上也没有对农村信用社进行应有的倾斜。风险补偿和保障机制的缺失势必会影响到信用社的健康发展。

6.2.3 农村信用合作社制度创新阶段(2003 年至今)

随着国有银行改革的深入,四大国有商业银行逐步从县域经济以下撤退,农村信用社日益成为农村金融市场的最主要甚至是唯一的金融机构。而另一方面,农村信用社前两次改革仍然未能解决自身建设及为“三农”服务方面存在着的产权不明晰、法人治理结构不完善、经营机构和内控制度不健全、管理体制不顺、管理职能和责任不明确、历史包袱沉重、资产质量差、经营困难、潜在风险大等一系列问题。2003 年 6 月 27 日,国务院出台《深化农村信用社改革试点方案》,按照“明晰产权关系、强化约束机制、增强服务功能、国家适当支持、地方政府负责"的总体要求,开始在浙江、山东、江西、贵州、吉林、重庆、陕西和江苏八个省市率先进行管理体制和产权制度为核心的农村信用社改革试点。改革的具体内容包括:

明晰产权,区别对待,妥善处理信用社历史包袱。对资产大于负债的信用社,在提足股金分红、应付未付利息、各类保险基金的基础上按风险程度提取准备金,剩余部分可按原有股金予以增值。对资不抵债信用社,可采取转换机制、加强管理、政策扶持等多种措施逐步消化。

按照股权结构多样化、投资主体多元化原则,不同地区可根据实际情况采取股份制、股份合作制及合作制等不同产权形式。

因地制宜确定信用社的组织形式。一是在经济比较发达、城乡一体化程度较高、信用社资产规模较大且已经商业化经营的地区,组建股份制银行机构;二是在人口相对稠密和粮棉商品基地县(市),可以县(市)为单位将信用社和县联社各为法人改为统一法人;三是在完善合作制的基础上,继续实行乡镇信用社、县联社各为法人的体制;四是对少数严重资不抵债、机构设置在城区和城郊、支农服务需求较少的信用社,可予以撤销。

110

银监会及地方政府各司其职,分别负责对信用社进行金融监管和行业管理。试点地区可成立省级联社和其他形式的省级管理机构对信用社进行管理、指导和协调,承担对信用社的风险防范和处置责任,但不得干预企业正常的经营活动,地(市)和县、乡政府无权行使对信用社的管理权。

国家对试点地区的信用社予以政策扶持。一是对亏损信用社原开办保值储蓄,多支付的利息给予补贴。二是对试点地区信用社实行税收减免。对西部地区和其他地区分别实行暂免和减半征收企业所得税、3%的营业税等税收政策。三是采取专项再贷款和发行中央银行票据方式,对试点地区信用社进行适当的资金支持。四是在民间借贷比较活跃的地方实行灵活的利率政策。

改革目标确定为:坚持市场化的改革取向,以服务农业、农村和农民为宗旨,按照"明晰产权关系、强化约束机制、增强服务功能、国家适当支持、地方政府负责"的总体要求,围绕不断改善金融服务、扩大支农效果这一首要目标,逐步推进和完善管理体制和产权制度改革,促进农村信用社加强内部控制,改善经营机制,将农村信用社逐步办成具有自主经营、自我约束、自我发展和自担风险能力,为农业、农民和农村经济发展服务的社区性地方金融企业。虽然改革开放以来农村信用社进行了多方面的改革,但这次推行的改革是迄今为止力度最大、范围最广、程度最深的一次改革。

2004 年,国务院下发《国务院办公厅关于进一步深化农村信用社改革试点的意见》(国办发〔2004〕66 号),农村信用社的改革步伐进一步加快,2004 年 8 月改革试点范围进一步扩大为 21 个省区。强调改革重点要突出产权制度改革、机制转换、法人治理完善、提高支农服务水平及风险的监管与防范处置工作,确保改革的平稳进行。为了有效防范风险,银监会要求信用社的入股人必须以货币资金入股,不得以实物资产、债权、有价证券等形式入股;信用社不得接受政府机关和财政性资金直接入股、以贷入股及以换股形式入股。信用社改革重点逐步转移到经营机制转换和建立良好的法人治理结构方面,重视股权结构设置、法人治理结构完善、内部控制制度严格、激励和约束机制有效等问题,并以此促进农村信用社经营机制的真正转换。结合管理体制改革的进行,信用社自身经营机制转换和法人治理结构完善的工作已经启动。

通过产权制度、管理体制和统一法人等改革措施的实施,农村信用社的资产质量、经营状况逐步改善,不良贷款比例由 1999 年的 51.23% 下降到 2003 年的 29.57%,累计下降 21.66%。2003 年 11 月底,农村信用社实现了全行业的扭亏,结束了自 1994 年以来持续亏损的局面。2004 年 3 月末,农村信用社实收资本已达 720 亿元,比年初增加 88 亿元,其中,山东、吉林、江苏、江西、浙江五省的实收资本增加额占全国实收资本增加额的 98.7%;存款余额 25 783 亿元,比年初增加 1 667 亿元。与上年同期相比,农村信用社财务收支增盈减亏 18.2 亿元。产权制度改革方面,八省市农村信用社已全部完成清产核资。在管理制度方面,试点地区均采取成立省级联社作为省级政府管理本省市农村信用社的主管行政机构,并通过省级联社指导农村信用社进行自律性管理。

与前几次农村信用社改革不同,最新一轮改革不再强调合作制,而是强调要按照企业改革成功的模式来改革农村信用社,并注重农村信用社资本充足率等问题。在这次改革中,国家决定出资1 650 亿资金来化解农村信用社的历史包袱,但这些资金是以可兑票据的形式分发到各地农村信用社的,这被称为农村信用社改革的期权理论,即中央银行对农村信用社票据支持是一种期权,有一定的兑付原则,农村信用社改革必须要达到如下的一些标准,即产权明晰、资本金到位、治理结构完善、达到规定的资本充足率之后,中央银行才对其予以兑付票据。中国人民银行发布的 2004 年第三季度货币政策执行报告显示:截至 2004 年 8 月末,共 583 个试点县(市)农村信用社被批准认购中央银行专项票据 346 亿元。

这一方案具有重要的正向激励的效应,有助于防范农村信用社改革过程中和改革后的道德风险。银监会 2004 年 12 月初的统计数据显示:截至 2004 年 9 月末,先行试点的 8 个省市农村信用社(含农村商业银行和农村合作银行)资本充足率平均达到 7.38%,比改革前的 2003 年初上升 11.20 个百分点;盈亏轧差后,实现利润25.16 亿元。

不过,扭亏为盈基本属于短期性的政策刺激效应,因为一项体制性改革不太可能在这么短的时间内立竿见影。① 农村信用社体制性问题还没有根本性地得到解决,扭亏为盈一方面是由于 2004 年农产品价格上升使得农民的还贷能力提高,另一方面是由于国家为使农村信用社脱困而投入了巨额的资金。②

有学者对部分欠发达地区农村信用社经营管理现状调查后认为,由转贷行为所产生的虚假赢利制造了全行业扭亏为盈的假象。③

---

① 章奇:《推动农村金融改革的多元思考》,载《中国农村信用合作》2005 年第 7 期。

② 陆磊:《农信社的改革模式需要改革》,载《金融信息参考》2004 年第 3 期。

③ 李莹星、汪三贵:《农村信用社缘何热衷"转贷"?》,载《调研世界》2005 年第 1 期。

易宪容指出,在如此短的时间内农村信用社资本充足率大幅提高,基本上是地方政府采取行政措施的结果。这些措施既有行政上直接的强制,如强制个人入股,也有以地方政府财政担保的间接诱导,如为了吸引群众积极入股,地方政府利用财政补贴来支撑股东分红。地方政府的目的不是如何让陷于困境的农村金融组织建立起有效运作机制或模式,而是通过满足央行提出的标准,来获取中央的资源。既然各地方政府在农村信用社的资本金来源上起到主导作用,就有能力在对信用社的人事安排、规章制度设立等方面起主导作用。这样,不管这些农村信用社能否发展,都不可能建立真正的现代企业制度及有效运作机制,反而可能会和以往的不少上市公司那样,成为各地方政府的附庸。

总的来说,农村信用社改革是否能"花钱买到好机制"是十分值得怀疑的。从第一轮试点的经验来看,存在农村信用社改革脱离农村倾向明显,农民被边缘化的情况。针对新一轮的改革方案,围绕农村信用社改革的一系列文件违背了市场经济的基本原则。① 例如在某些微观的管理上,农村信用社的权限被限制。目前的省联社模式把农村信用社管理责任交给省政府,将县联社和信用社原来的两级法人合并为一级法人,在县联社的基础上,出资建立省级联社。一般认为,省联社有助于提高地方政府的积极性,又有利于明确权责,减少管理层次,加强经营管理。但这样的一个"经营者领导股东"的体制不符合公司治理中最简单的道理,即权利与责任必须对等、努力程度与激励必须对等以及投资收益必须与风险对等;省联社可能因为"太大而不能倒"足以将国家"套牢",迫使国家为其"埋单";在省联社的体制之下,信用社之间的竞争将被当做"家丑"来处理,信用社信息披露的选择性将会更强;对民间金融的打击力度由于省联社的建立得到加强,民间金融和其他新的金融组织创新浮出水面的难度将大大增加。另外,在试点的 8 个省市中,除了浙江、江苏两省以外,其

① 陈剑波:《当前农信社改革的几个问题》,载《中国经济时报》2003 年 7 月 3 日第 5 版。

他6个省市都选择了省联社方式。这个信息很有可能在某种程度上反映了此次试点改革的弊端所在:即由上而下的产权改革设计并没有体现出(反而远远背离了)《深化农村信用社改革试点方案》设计之初所欲体现的"因地制宜",不搞"一刀切"的原则。随着时间的推移,该方案的实施结果是否会与其原来的设计目的相一致,是大可怀疑的。①

从1998年以来,中央政府为防止地方政府卸责,在解决有问题金融机构的做法上,实行所谓"谁的孩子谁抱走"原则。这种做法在联邦制国家也许有效,在我们这样单一政府制度的国家,要真正分清中央和地方政府的责任,则不那么容易。结果是农村信用社如果经营失败,还是找不到责任者。同时,事先规定了农村信用社的救助责任,实际上向农村信用社的所有者、存款人以及监管者发出信号,即农村信用社不能倒闭,从而加剧了道德风险。把管理权交给省政府,也为省政府继续干预农村信用社提供了理由。

114

更关键的是,在农村信用社整体经营状况不佳的情况下,建立全国性的农村信用社联社会加大风险。同时,完全依靠中央银行对几万家农村信用社进行监管和业务管理也是非常不现实的。故地方政府承担农村信用社的经营管理和监管的责任就成了农村信用社改革的题中之义。但如何建立地方金融管理及监管体系,确立中央与地方既统一又分散、各负其责的金融监管,这不仅仅是涉及信用社的管理问题,还将涉及整个银行业监管体系的改革及银行业自身如何重组的问题。②

6.2.4 新型农村资金互助合作组织试点阶段(2007年至今)

如果我们把上述农村信用社试点改革理解为存量改革的话,那

---

① 陆磊:《以行政资源和市场资源重塑三层次农村金融服务体系》,载《金融研究》2003年第6期。

② 陈剑波:《当前农信社改革的几个问题》,载《中国经济时报》2003年7月3日第5版。

么,为了进一步深化和推动多元化农村金融制度创新,作为增量改革的重要组成部分,我国一些经济落后地区同时开始了新的小型农村资金互助合作组织的探索。

2005 年国务院在《深化经济体制改革的意见》中提出探索发展新的农村合作金融组织;2006 年初"中央一号"文件提出"鼓励在县域内设立多种所有制的社区金融机构"及"引导农户发展资金互助组织";2006 年 12 月 22 日银监会进一步出台了《关于调整放宽农村地区银行业金融机构准入政策若干意见》,开始允许农村地区的农民和农村小企业,发起设立为入股社员服务、实行社员民主管理的社区性信用合作组织。为此,2007 年 2 月 4 日银监会印发了《农村资金互助社示范章程》;2008 年 9 月中国人民银行在《中国农村金融服务报告》中也提出在我国部分地区试点"合作组织 + 农户"的新型贷款方式,从而拉开了成立新的小型农村资金互助合作组织的序幕。

115

当前农村资金互助社主要包括两种。一是按照银监会 2007 年初出台的《农村资金互助社管理暂行规定》,农村资金互助社是指经银行业监督管理机构批准,由乡(镇)、行政村农民和农村小企业自愿入股组成,为社员提供存款、贷款、结算等业务的社区互助性银行业金融组织。《农村资金互助社管理暂行规定》明确农村资金互助社在乡(镇)设立的,注册资本不低于 30 万元人民币;在行政村设立的,注册资本不低于 10 万元人民币。注册资本应为实缴资本。二是非正规的金融组织。即在正规金融机构撤离农村市场并造成农村金融资源严重短缺的条件下,农村自发创新的农村资金互助社。这种非正规的金融组织还没有被纳入政府的有关监管范围。目前的新型农村资金互助社主要以吸收社员存款、接受社会捐赠和向其他银行机构借款作为融入资金的方式。新型农村资金互助社并不包括原有的民间金融组织,即游离于国家正规金融监管体系之外、未在国家相关部门登记注册、未取得合法地位而进行金融交易的民间资金融通组织。

2007 年,银监会在四川、青海、甘肃、内蒙、湖北、吉林六省区开展调整放宽农村地区银行业金融机构准入政策试点工作。6 个试点省区已有 8 家农村资金互助社成立。2007 年 4 月初,正式挂牌的农民资金互助合作社数量达到 30 多家。2007 年 10 月中国银监会宣布,试点省份从 6 个省区扩大到全国 31 个省(市)区。安徽省的肥西、太湖、天长、霍山、明光等地区陆续出现了农村资金互助社。截至到 2008 年,仅江苏省的盐城市农工办共审批了 57 家资金互助合作社,共吸纳资金 3.95 亿元,贷出资金 3.16 亿元。新型农村资金互助社的数量日趋增多,规模不断扩大。同时,新型农村资金互助社也呈现出发展模式多样化趋势。

新型农村资金互助社在运行过程中逐渐显示出明显的优势。一是信息优势:资金互助社对担保人和借款人的偿还能力知根知底,借款社员在借款前的信誉状况、借款后的资金使用情况,以及可能发生的风险情况,都能迅速地了解,这可以有效解决借款人与放贷人之间的信息不对称问题,降低了对信贷资金管理和监督所需要付出的大量信息成本。二是效率优势:资金互助社对农户提供的抵押品高认同程度缓解了抵押担保约束,因此信贷合同较为简单,贷款审核具有"短、平、快"的特点,这就使资金互助社有了正规金融机构无法企及的效率优势。三是成本优势:由于资金互助社的运作较为简单,其资金运转的附加成本较低,体现在利率水平上,就是贷款利率较低于农信社等大型银行。[①]

新的小型资金互助合作组织按照国际合作社准则组建,农民以入股的方式获得社员资格,在社员内部进行贷款以解决生产和生活中的资金短缺问题。新的小型资金互助合作组织在组织类型上分为直接信贷合作模式(资金互助合作模式)和间接信贷合作模式("股权信贷"模式)两种类型。

(1)直接信贷合作模式(资金互助合作模式)

该模式最大的特点是成立专门的资金互助合作社管理资金,直接面向农户进行资金的借贷。资金互助合作是农民以入股的方式获得社员资格,并且只在社员内部进行贷款以解决生产和生活中的资

---

① 本书关于新型农村资金互助社的数据资料来源于赵小晶、杨海芬、王建中所写的《新型农村互助社研究》一文,该文发表于《三农经济》2009 年第 5 期。

金短缺问题的组织。

从该模式发起成立的过程来看,资金互助合作社是在外力推动作用下形成的内生型合作金融组织。河南兰考贺村的资金互助合作组织能够推行,与身为挂职副县长的何慧丽背后的努力关系甚大,而吉林榆树台则与出生于本地的银监局干部姜柏林的推动直接相关。新的小型资金互助合作社的成立和资金互助的引进,没有外力的作用是不可能顺利成功的。正是外界的参与才将农民的意愿通过合作社的形式表达出来,并且通过自身拥有的资源把一定的财力、物力、先进的东西以各种途径投入到合作社中,努力促使合作社的健康发展。这在社员们缺乏合作基本知识,对合作社的发展现状和将来可能的走向不甚清楚的情况下是必要的,它可以避免农民少走弯路,少一些损失,为合作社的成功提供理论和实践支持。

合作文化的宣传为合作社的建立和可持续发展奠定了思想基础。学习互助合作是一个合作社的灵魂。农民办合作社最大的困难是思想观念的改变问题,是文化水平的问题。农民要合作,农民觉悟的提高是前提。不学习,不能改变观念;不学习,难以把合作社搞好。所以说,农民办合作社既是一个改变观念的过程,又是一个对合作社理念进行推销的过程。只有持续不断地学习,才能办好合作社,使之不断发展壮大。

(2)间接信贷合作模式("股权信贷"模式)

长期以来农民实际上被排除在信用社之外。面对分散的农户,过高的放贷成本使得信用社不愿意贷款给农民。信用社已经失去了其合作性质,成为类似银行的机构。股权信贷模式则通过农民以合作社的名义向信用合作社入股的方式取得资金融通,解决了放贷成本过高的问题,同时也盘活了信用社的资产。

这种模式的具体做法是:首先成立农业生产合作社,然后以社员入社股金统一入股农村信用社,股金记入社员个人账户,形成农民通过专业合作社入股、信用社取得贷款,信用社通过合作社联保贷款给农民。农户通过这种股权合作,原来农民单家独户与农村信用社的"农户—信用社"信贷关系转变为"农户—合作社—信用社"的股权合作信贷关系。股权信贷模式把农村信用社和农民的利益连在了一起,恢复了信用合作社的合作性质。

股权信贷模式是我国农民的一个制度创新,广大农户依托经济合作社入股信用社,以合作社联保的方式获得贷款。它的实质是一种联保贷款,与其他普通联保贷款的不同在于联保的不是几个农户,而是一个合作经济组织。它与传统意义上的合作金融组织有很大区别,它是弱势群体通过联合增强实力,获得来自外部的信贷供给,而不是内部的资金融通。

这种模式的成功运作取决于合作组织的资信水平以及外部金融机构的放贷意愿。如果合作组织没有好的项目,没有一定的规模和信用水平,不具备法人资格,是很难从外部金融机构获得贷款的。在金融机构看来,这种新的小型农民资金互助合作组织无异于一般借款企业,因此,对其贷款条件自然会提出较高的要求,简言之这要求弱者通过联合真正实现强大;另一方面,根据我国目前的实际情况,农民合作组织取得借款最方便、距离最近的外部金融机构是农村信用社,而由于农村信用社正在走向股份化和城市化,离"三农"越来越远,其贷款需求的满足并没有预期的便利和易得。这种趋势有深层次的体制原因,不是哪个农民合作组织能够掌控的,这也为这种模式的运作增加了不确定性。

6.3 改革开放中农村合作基金会的制度变迁

6.3.1 农村合作基金会产生与发展的背景

农村合作基金会是在改革开放以后出现的农村合作金融组织,其产生和发展主要有以下四个方面的现实背景:

一是人民公社体制改革后集体财产需要妥善处置。人民公社改制过程中数以千亿的集体资产流失,在这一背景下,按照中央必须对集体资产妥善处置的要求,各地开始通过建立基金会实现"清财收欠,以欠转贷",这一做法当时得到中央政策的肯定甚至鼓励,在市场化程度不断提高的条件下,农村资金融通形式的多样化和融通规模的逐步扩大也就成了不可逆转的趋势。从1984年到1992年,中央一系列的政策支持,有效地减弱了来自正规金融组织出于维护垄断利益和防止竞争而制造的巨大阻力,为农村合作基金会的发展创造了必不可少的政策环境。

二是村家庭联产承包制的实行,对农村金融体制改革提出了现实要求。随着以家庭承包制为主要内容的中国农村改革的不断推进,农村经济迅速发展,农民收入提高,农村的商品、货币关系得到强化。百万农村社区集体和两亿多农户家庭变为农村中最基本的财产主体和生产核算单位。迫于就业压力,大批农民转入非农产业,更多农户从事兼业生产,因此农村有着强烈投资需求,出现了多元化的民间信用主体,对农村金融体制改革产生了压力,要求有相应的灵活的资金融通机制和建立相应的金融机构。因此,农村改革的市场化进程,是农村合作基金会发展的前提。

三是农村经济改革带来农村资金供给和需求的增长。改革后农民收入水平较大幅度的提高,特别是农民人均现金收入的增长,农村内部蕴藏的金融资源总量的迅速扩张。例如,1988年全国农民人均纯收入达到544.9元,比1980年的191.3元净增353.6元。但进入80年代后期,由于城市受经济萧条影响需求下降,导致农业徘徊不前,比较效益相对下降,这在很大程度上抑制了农民的投资意愿。因此,对绝大多数以农业为主而其他投资渠道极为狭窄的一般农户来说,希望为自己手中有限的闲置资金找到一个既安全又能够带来更多收益的机会。这一时期,乡镇企业和个体私营经济的发展对资金的需求增长。尽管农村内部的资金供给与需求同时增长,但国家垄断的金融体制不可能适应这种供需增长的形势,于是就有了农村合作基金会普遍发展的机遇。

四是国有金融主体无法满足农村改革与市场经济发展对金融的多元化需求。以农业银行为主体的农村金融体系(包括农村信用社),长期保持着垄断和封闭的运行方式,其主要职能是从农村吸收资金向非农产业转移,而对农业和农村发展的资金支持不足。进入20世纪80年代,在农户成为基本生产经营单位后,农村信用社由过去主要面对数量较少的集体经济组织,转为面对数量众多的农户和其他经济主体。虽然进行了国家金融体制的市场化改革,但越市场化越不适应小农经济的分散需求。一方面,国家不能打破国有银行的垄断地位,也不能根本改变我国金融领域单一的所有制。另一方面,农行和信用社系统不仅受到国家信贷规模和结构的严格控制,而且曾经因大量资金沉淀于农产品收购,呆账、坏账比例较高,这就一度导致信用过度膨胀;加上其经营僵化,难以适应和满足农村改革与市场经济发展对金融的多元化需求。这些情况都为农村合作基金会的产生和发展留下了较大的体制空间。①

6.3.2 农村合作基金会形成和发展的五个主要阶段

（1）雏形形成阶段（1984～1986）

早在1983年下半年,黑龙江、辽宁、江苏等地的一些乡村为防止农村集体积累资金流失,有效管理和用活集体积累资金,通过清理整顿集体财产,试行集体资金"队有村管"或"队有乡管"等办法,对被其他单位和个人侵占、挪用、占用的集体资产采取了能收回的收回,不能收回的转为对合作基金借款的办法,实行集体资金有偿使用制度,通过集体资金在乡村集体经济组织成员之间的有偿借用,进行内部融资,提高了资金的融通效益。

这种对集体资金的代管代投活动所产生的效果是积极的,既保障了集体资产的安全和增值,又在农村内部开辟了新的增加农业投资的渠道,迎合了当时农村社会商品经济发展对资金的需求,因此受到了农民的欢迎,同时也得到了地方政府、农业行政管理部门的支持,并获得中央政府审慎的认可。1984年中央1号文件明确指出:"允许农民和集体的资金自由地和有组织地流动,不受地域限制。"这是农村社区内部融资活动得以存在的政策依据。1985年中央1号文件提出:放活农村金融政策,提高资金的融通效益。1986年中办发27号文件对此予以有条件的认可:"近年来,一些农村合作经济组织

---

① 温铁军有关金融经济论著,2000年。

自愿把集体限制资金集中起来,采用有偿使用的办法,用于支持本乡、本村合作经济组织和农户发展商品生产。这种办法只要不对外吸收存款,只在内部相互融资,应当允许试行。"从1984年河北省康保县芦家营乡正式建立农村合作基金会起,到1986年末,黑龙江、辽宁、湖北、浙江、广东、四川、江苏等地农村社区内部融资活动都有了一定的发展,农村合作基金会的雏形基本形成。

(2)改革试验阶段(1987~1991)

在这一阶段,农村合作基金会这种农村合作金融组织,虽然是由农民群众自己创办的,但其作用和效益已发挥出来,并逐步得到了政府和有关部门的承认、鼓励和支持。1986年8月中央指出:在不开展存贷业务的情况下,这种在内部相互融资的办法应允许试行。后来又指出通过中国农业银行在信贷业务上予以指导。接着,1987年1月中共中央政治局通过文件《把农村改革引向深入》,其中讲到"一部分乡、村合作经济组织或企业群体建立了合作基金会……这些活动适应发展商品生产的不同要求,有利于集中社会闲散资金,缓和农业银行、信用社资金供应不足的矛盾,原则上应当予以肯定和支持"。1987年,根据中共中央政治局通过的5号文件创办的中国农村改革试验区,相继在黑龙江尚志市、河北玉田县、山东平度市、广西玉林市、四川广汉市等试验区进行了农村合作基金会的规范化试验,这些有组织、有指导的试验区相对稳健地推进农村合作基金会基层组织和联合会组织的发展,逐步建立了合作金融组织的新制度框架。

政府政策的支持,有效地减少了正规金融机构出于维护自身的无端利益和防止竞争而制造的巨大阻力,为农村合作基金会的发展创造了必不可少的政策环境。农村合作基金会的规范化试验及推广,中央政府的鼓励和支持,使得全国农村合作基金会蓬勃发展。1986年底至1988年底是农村内部资金融通总量增长最快的时期,两年间增加了约40亿元。例如,到1988年,江苏省已有80%的乡镇建立了农村合作基金会,融资金额8亿元;四川省一半以上的乡镇建立了以合作基金会为主要形式的资金融通服务组织,集资总额达2.01亿元;湖北省已有40%的乡镇和5 927个村建立了合作基金会,筹集资金约 2.8 亿元。

根据试验和各地的经验,1993 年农业部下达"农经字第 8 号文件",专门对农村合作基金会做了规范性定义:"农村合作基金会是在坚持资金所有权及其相应的收益权不变的前提下,由乡村集体经济组织和农户按照自愿互利、有偿使用的原则而建立的社区性资金互助合作组织。它的宗旨是:为农民服务,为农业生产服务,为发展农村集体经济服务。"

(3)高速扩张阶段(1992~1995)

1992 年春天邓小平发表南方谈话,全国上下兴起了新一轮的投资热潮,投资拉动的需求使农村经济也有所发展。资金供给与需求的缺口在短期内急剧扩大,并且直接导致资金市场利率高企。在这一宏观背景下,已经初具规模的农村合作基金会表现为在扩张中积累矛盾。许多农村合作基金会在地方政府的干预下,把大笔的款子盲目投向急需资金的乡镇村办集体企业。

从 1987 年河北省玉田县进行社区合作经济组织制度建设试验到 1992 年,全国乡(镇)一级农村合作基金会已达 1.74 万个,村一级 11.25 万个,分别占乡(镇)总数的 36.7% 和村总数的 15.4%,年末筹集资金 164.9 亿元,比 1991 年增长 65%,年内累计投放资金 178.5 亿元,比 1991 年增长 75.5%。其中,四川、江苏两省以上指标均已超过 20 亿元,河北、山东两省也接近 20 亿元。

农村合作基金会凭借其机制灵活、运营成本低、未纳入正规金融监管等有利条件,实现了高速度的增长。但此后在全国各个地方都追求经济高速增长中,基金会的资金更多地投放于非农经济领域。随着金融改革的深入,农业银行和信用社的商业性增加,政策性弱化,各金融机构都不愿进入农业,工商业成为各家竞争的对象,农村合作基金会也不例外,开始大量办理非会员及所在区域以外的存贷款业务,吸收农户会员个人股金,得以更快的发展。

到 1996 年底,全国已有 2.1 万个乡级和 2.4 万个村级农村合作基金会,融资规模大约为 1 500 亿元。这一时期金融秩序混乱,供销社、计生委、民政、劳动和社会保障等部门都加入了创办基金会、股金会,参与高利率资金市场的恶性竞争。农村合作基金会主要以高于国家法定存款利率和贷款利率的水平吸引并投放资金,即实行"高进高出"的经营策略。一方面,较高的集资利率提高了合作基金会的集资能力,而资金要素的严重短缺又使其能够以较高的利率投放信贷。虽然这种利率水平实质上反映的是资金市场实际的资金价格状况,有其合理的一面,但是由于基层政府对合作基金会行政干预多,监督机制弱,管理水平低,资金投放风险放大,经营效益明显下滑,不仅单纯追求高收益导致资金投放的非农化趋势发展到十分严重的地步,而且局部地区开始出现小规模的挤兑风波。

(4)整顿阶段(1996~1998)

1996 年 8 月国务院做出《关于农村金融体制改革的决定》(国发[1996]33 号),仍然充分肯定了农村合作基金会自创办以来,对增加农业生产的投入,缓解农民生产、生活资金的短缺,发挥了一定的积极作用。同时《决定》针对相当多的合作基金会以招股名义大量吸收居民存款,入股人不参加管理,不承担风险,实际上是违法经营金融业务,隐藏巨大风险的现实状况,提出了对农村合作基金会进行清理整顿的三项措施:一是农村合作基金会不得再以招股形式吸收居民存款;二是凡是已开办存贷款业务,实际上已成为金融机构的,对其资产进行清理核实后,可并入现有的农村信用社,也可另设农村信用社;三是没有存贷款业务,或者已开办存贷款业务,但不具备转为农村信用社条件的,要办成真正的合作基金会。这种政策实际上是政府相关部门协商的结果,评价和措施相对还是比较客观的。

但其中的问题仍然是明显的。一是这种安排涉及尚没有条件根本改制、资金占压比较严重、情况较为复杂的信用社,上述措施始终没有落实。二是没有执行政府必须保护农业的政策趋向,也没有从理论上认识正规金融根本不可能与小农经济信用需求相适应的特点。因此,没有取得实质性的进展。

1995 年政府又下发《农村合作基金会管理规定》。这些规定由于隐含着在管理权限上部门之间的矛盾,因此整顿方案久拖不决。同时,这些规定尽管在一定程度上产生了消极影响,但仍然推动了制

123

度建设。这一时期,农村合作基金会减弱了以数量扩张为主的发展势头,转向把强化管理放在更为主要的位置。一是制订并逐步完善了农村合作基金会财务管理规程、会计核算办法、审计稽核办法等一系列制度规范。二是强化了提取备付金和呆账准备金的实施力度,促进风险保障机制的建立。三是加强了对从业人员的业务培训,提高其胜任本职工作的能力。农村合作基金会融资规模比较大的四川省,1996 年强调整顿以来数量增长速度明显减缓,到 1998 年底,全省乡镇基金会数量为 4 052 个,比上年仅增长 0.5%,占乡镇总数的82.6%,与上年的 80.9% 相比,仅提高 1.7 个百分点;全省农村合作基金会集资总额为 213.78 亿元,各个基金会平均 527.6 万元,分别比上年增长 12.3% 和 11.8%。

这次强调合并的改革措施在操作上的难点,一是对信用社和基金会双方已经存在的不良资产难以处置,一旦出现挤兑将会由经济问题而引发社会问题。二是农行和信用社受中央调控,而乡镇级的农村合作基金会是基层政府参与组成,没有许可证而从事金融业务的准金融组织。由于双方都带有浓厚的行政色彩,从而加剧了清理整顿的难度。接着,中央既为了集中资金于国有企业改革,也为了防范金融风险、维护国家金融的垄断地位,遂于 1997 年 11 月决定全面整顿农村合作基金会。政策突然趋紧,农村合作基金会自身积累的矛盾也突然表面化。由于任何种类的金融组织突然被宣布关闭的时候都必然发生挤兑危机和动荡局面,因此 1998 年各地普遍出现挤兑,四川、河北等地甚至出现了较大规模的挤兑风波,并且酿成了危及农村社会及政治稳定的事件。

(5)清理关闭阶段(1999 年 1 月以后)

1999 年 1 月国务院发布 3 号文件,正式宣布全国统一取缔农村合作基金会。该文件强调,"为有效防范和化解金融风险,保持农村经济和社会的稳定,党中央、国务院决定对农村合作基金会进行全面清理整顿……清理整顿的目标任务是:停止新设农村合作基金会;现有的农村合作基金会一律停止以任何名义吸收存款和办理贷款,同时进行清产核资,冲销实际形成的呆账,对符合条件的并入农村信用社,对资不抵债又不能支付到期债务的予以清盘、关闭。"至此,农村合作基金会的清理整顿工作全面展开,农村合作基金会这一农村合作金融组织形式也就随之退出了历史舞台。[①]

6.3.3 农村合作基金会制度的相关问题分析

农村合作基金会的产生和发展,绝不是偶然的经济现象,而是有着深刻的现实背景。

第一,从1978年开始并很快推向高潮的中国农村改革,通过实行家庭承包制使农户成为独立的经营主体,不仅极大地促进了农村生产力的发展,而且催生了乡镇企业、个体私营企业等多样化的经济主体,形成了多元化经济结构。独立而明确的财产关系开始形成,投资需求随着农村经济货币化不断提高。农村改革对市场化进程的推进,是农村合作基金会发展的前提。

125

第二,农村改革产生的积极效果是农民收入水平较大幅度的提高,特别是人均现金收入的增长。尤其是现金收入的显著增加,意味着农村内部蕴藏的金融资源总量的迅速扩张。但进入20世纪80年代后期,中国农业进入了一个徘徊不前的发展阶段,农业比较效益的相对下降在很大程度上抑制了农民的投资意愿。因此,对绝大多数以农业为主、其他投资渠道极为狭窄的一般农户来说,如何为自己手中有限的闲置资金找到一个既安全又能够带来更多收益的机会,是非常现实的问题。而在这一时期,乡镇企业和个体私营经济的发展速度加快,对资金的需求增长强劲。农村内部的资金供给与需求同时增长,但缺乏有效的融通机制相互衔接,构成了支撑农村合作基金会破土而出的重要经济基础。

第三,作为中国农村金融主体的农业银行和农村信用社,长期保持着垄断和封闭的运行方式,主要职能是从农村吸收资金向非农产业转移,对农业和农村发展的资金支持相当不足。

---

① 这一部分主要参考了温铁军撰写的研究报告:《农村合作基金会的兴衰史:1984~1999》。

第四,20世纪80年代后期,中国宏观经济形势发生了重大变化,经济结构的失衡导致了通货膨胀的恶化。因此,中央政府采取了以紧缩银根为主的治理整顿措施。在当时的情况下,通过适度抑制投资来遏制经济过热势头的继续发展显然十分必要,但在抑制重点的选择上却出现了重大偏差。事实上是把农村视为通货膨胀发生的根源,首当其冲地列为了银根紧缩的重点。在此背景下,农业问题再次引起广泛关注和重视,要求增加农业投入,缓解资金短缺矛盾的呼声不断高涨。各级地方政府受到建立新的融资机制以有效聚集农村内部资金的压力,构成了农村合作基金会产生和发展的重要推动力量。

第五,在市场化程度不断提高的条件下,农村资金融通形式的多样化和融通规模的逐步扩大是不可逆转的趋势,对此,中央政府陆续出台的有关农村政策都给予明确的肯定和支持。

上述五个方面背景性因素的动态变化,只是为农村合作基金会的产生和发展提供了现实基础和创造了外部条件,而更直接的动因则是为了强化农村集体资产管理,保障农村集体资产的安全和增值。在农村改革中,农户经营的主体地位已确立。集体经济组织的制度变革却严重滞后,导致农村集体积累或长期闲置,或大量流失。一是大量集体资金被少数基层干部贪污、挪用或挥霍浪费,引发了农村内部多种矛盾;二是集体财务管理极其混乱,财务清理成为农村工作的老大难问题,所谓"前清后乱"、"边清边乱";三是村社集体的大量资金长期存放农村信用社,活钱变为死钱,不能在流动中实现增值,而农民自身生产资金短缺的矛盾却日益加剧,引起了农民的普遍不满。

正是在这种背景下,突破单一的传统农村金融体制,构建新的农村内部融资体系,在管好用好农村集体资金的基础上,有效缓解日益加剧的农村资金供求失衡的矛盾,就必然成为农村进一步改革与发展的内在要求。全国各地农村合作基金会正在这一历史条件下应运而生,并迅速发展。

最值得注意的积极作用是农村合作基金会有效地抑制了民间的高利贷活动。农村改革以后,民间借贷广泛存在成为必然。但是,由于缺乏有效的约束手段,民间借贷大多以高利贷形式出现,希望发展商品生产的借贷农户轻则债台高筑,重则倾家荡产。农村专业合作基金会在正规政府金融体系之外,为农户开辟了又一个融资渠道。与农村信用社相比,其具有手续简便、灵活性强的优势;与民间借贷比较,又有规范性强、融资成本低的优点。因此从根本上改变了农村内部基本不存在金融竞争的状况。

农村合作基金会是典型的需求诱致型的制度创新过程,各级地方政府和农业行政主管部门强烈的利益需求驱动,发挥了关键性的主导作用。

从地方政府的行为分析来看,20 世纪 80 年代中期以后,各级地方政府面临两方面新的情况:一是国家对财政体制进行了重大调整,改变传统的财政统收统支方式,实行多种形式的财政分级包干体制,结果令地方政府支配自有财力的权限扩大,通过增大投资强化自身财政实力的内在冲动强烈;二是在银行企业化改革逐步推行的过程中,地方政府对农村正规金融组织的运行过程的影响力不断减弱,对区域内部资金的外流和农业资金的非农化缺乏调控能力。因此,在资金供需缺口日趋拉大的条件下,地方政府对建立与自身关系更为密切的区域性非银行金融组织表现出极大的热情,希望通过有效的融资活动增强对农村金融资源的控制力,缓解本地区的资金短缺。地方政府在农村合作基金会产生和发展过程中的创新主体作用,主要是通过以下几个方面实现的:①制定地方性政策,确认农村合作基金会的合法地位,对来自正规金融组织的各种打压不遗余力地抵制;②组织强大的舆论宣传,运用政府信用的影响力打消农民的疑虑,诱导农民对农村合作基金会合法性的认同;③发挥政府的资源动员和组织能力,千方百计创造条件支持农村合作基金会迅速起步。

从农业行政管理部门的行为分析来看,在中国,农业行政管理部门是一个体系完整、上下贯通的组织系统,负责对农业经营管理活动进行政策指导和事业服务,负有监管农村集体财务、保障农村集体资产安全的基本职责。长期以来,担负清理整顿农村财务的繁重任务,耗费了大量人力物力。他们主要依靠行政手段,用运动式的清理方式,注定了无法走出"前清后乱"、"越清越乱"的怪圈。因此,探索新的集体资产管理办法,以建立制度规范的方式防止集体资金流失,是农业行政管理部门自上而下的强烈愿望。不能忽视,在地方财政拮据的条件下,主要依靠财政资金供养的农业行政管理队伍大多处于"有钱养兵,无钱打仗"的窘境之中,工作条件差、收入水平低的情况极为普遍;尽管付出了很大努力监管数量可观的农村新、老资金积累,但其自身却始终无法从中获得直接或间接的收益,只有管理权而无获益权。因此,农业行政管理部门对把集体资金从"死钱变为活钱",在融通中实现资金增值,并从中得到管理收益有着浓厚的兴趣和极高的热情。正因为如此,农业行政管理部门是农村合作基金会的始创者,从一开始就全力以赴地介入。农业行政管理部门主要通过以下方式推动农村合作基金会的创立:①以政策规定方式争取了农村合作基金会的组建权,并具体制定农村合作基金会的制度框架和运作模式;②从提供经营场所、业务人员和部分开办经费等重要方面对农村合作基金会的启动给予决定性支持;③依托其延伸到村组的网络体系,开展集资业务,保证农村合作基金会能尽快扩大规模,站稳脚跟。

农村合作基金会是地方政府和农业行政管理部门制度创新活动的产物,两者通过这一过程获得很大的收益。对地方政府来说,发展农村合作基金会带来的最大利益就是显著提高了对农村金融资源的控制力;对农业行政管理部门而言,则是直接分享资金融通所带来的增值收益。

因此,农村合作基金会的发展同地方政府和农业行政管理部门的直接利益密切相关。增进自身利益的强烈需求,驱动农村合作基金会能够突破最为坚固的传统金融体制的束缚,在很短的时间内实现异乎寻常的高速发展,并且构成了农村信用社强劲的竞争对手。与农村信用社相比较,农村合作基金会最大的竞争优势事实上也正是与地方政府关系密切,有更强的储蓄动员能力。但是,对地方政府过度的行政依附所留下的隐患也是致命的,农村合作基金会在进一步发展中所暴露出来的诸多矛盾大都与此直接相关。

在发展农村合作基金会的过程中,乡镇政府、县级政府及农业行政管理部门的利益都在不同层面和不同程度上得到了满足。当然，最直接的利益获得者除了乡镇政府外，就是县级政府及相关政府部门，因为纵向管理体系的建立，特别是县联合会的成立使县级政府比较有效的掌握了一部分金融资源。建立纵向管理体制的另一个推动因素来源于农村合作基金会的特殊性，即农村合作基金会未被中央政府承认为一种农村金融组织，其法律地位不明确，因此基本上始终游离于正规金融体系之外，中央银行不能像对国有商业银行一样对农村合作基金会实施监督和管理，因此，这就支持了成立行政性的纵向管理体制的迫切性。

从历史和实践来看，"条块结合"的管理体制并不是一种高效运转的管理体制。由于条条利益和块块利益的矛盾，"条块结合"往往会演化为"条块分割"。而且这两种利益均以行政权力为后盾，在行政权力具有较高垄断性的体制下，就会使经济组织难以按照经济原则运作，而不得不在一定程度上服从于权力规则。

129

与"条块结合"的管理体制相适应，对农村合作基金会的控制也存在行政控制和组织控制两种方式。行政控制的主体是乡镇政府和县农业行政部门，组织控制的主体则是各乡镇基金会理事会、监事会，以及县联合会董事会和监事会。但实际上行政控制和组织控制的主体是一致的，因为乡镇政府控制着乡镇合作基金会理事会和监事会，而农业行政部门同样控制着县联合会董事会和监事会。

从行政控制而言，包括乡镇政府运用行政权威控制基金会的经营活动，以及县农业行政部门运用行政权威对乡镇政府的不合理行政干预两个方面。由于乡镇政府对农村合作基金会的行政干预具有不稳定性、不规范性和不可预见性，因此，县级农业行政部门对乡镇政府相关行为的制衡同样具有不规范的特征，往往是在出现问题后，才通过农业行政部门发布省级、县级政府，以及农业行政部门自己制定的有关政策和要求。

从组织控制而言，包括乡镇基层政府运用组织权威对乡镇基金会理事会、监事会和会员代表大会所形成的组织控制，以及县联合会运用组织权威对县联合会董事会、监事会和会员代表大会所形成的组织控制。对于县联合会来说,组织控制的基本作用在于保证各乡镇基金会按全县统一的标准业务程序运行,并执行统一的资金占用费收付标准,以及统一的专用基金、风险保证基金提取比例标准及解缴联合会比例标准。对于乡镇基金会来说,组织控制的基本作用是保证合作基金会在理事会领导下以业务主任负责制进行运作,并在经营管理活动中贯彻执行上述全县统一的业务程序和业务标准。

在农村合作基金会的现实运作过程中,行政控制和组织控制的边界是不清晰的,基本的原因就是乡镇合作基金会和县联合会都不存在独立于政府的组织制度结构,因此行政控制的主体是乡镇政府和农业行政部门,而组织控制的主体同样是乡镇政府和农业行政部门。事实上,由于乡镇政府的行政干预经常会破坏合作基金会按正常程序和标准运作,因此,农业行政部门对乡镇政府的行政控制既制约乡镇政府的不合理行为,同时也起到了对合作基金会经营管理加以规范的作用;只是这种作用往往是在发生问题后的事后控制,效力会大打折扣。

农村合作基金会选择合作金融作为起步的切入点是正确的,其后同农村信用社之间的竞争性发展也在一定程度上使农村内部严重的金融抑制有所松动。然而,农村合作基金会对地方政府和地方性金融组织的依附,却与真正意义上的合作金融相去甚远,实践证明是不成功的。但是,对农村合作基金会的否定绝不能变为对农村合作金融的否定,关闭农村合作基金会也并不意味着中国农村合作金融严重缺位的问题能够或者已经得到解决。

农村合作基金会的兴衰,反映了一个无法回避的事实:无论中央政府还是地方政府,所建立的农村金融体系都存在着重大制度缺陷。实践证明:只有村级以下的社区性合作金融才更具有生命力,也许这种"土办法"与建设现代金融体系的方向似乎并不一致。农村合作基金会客观上缓解了农村非农产业受资金短缺制约的矛盾,支持了能够向地方政府上交利润的乡镇企业的发展。

6.4 新中国农村合作金融制度变迁的历史经验与教训

6.4.1 成功经验

● 需求诱致、积极引导是促进农村合作金融健康发展的正确途径

在我国农村金融制度变迁的过程中,有两项举措提供了成功的经验。第一次是 1951 年中国人民银行总行召开的第一次全国农村金融工作会议,做出了大力发展农村信用社的决定。随着农村合作化运动的兴起,信用合作社发展也达到了高潮。这一时期的农村信用社,从合作金融的本质来看,它是在自愿的基础上,按照通行的合作原则而建立的相互协作、互助互利式的合作性资金融通机构。其经济特征可基本概括为四项内容:一是自愿性;二是互助共济性;三是民主管理性;四是非营利性。资本金由农民入股,干部由社员选举,通过信贷活动为社员的生产生活服务。这一时期我国农村金融制度成功的关键,是国家针对当时出现的高利贷现象,不是单纯地采取打击、压制措施,而是尊重农村金融需求,利用信用合作社进行积极疏导,由国家银行对信用社的业务进行指导,从而保持了合作金融的性质,有效地抑制了新中国成立初期高利贷现象的产生和蔓延,防止了两极分化,对当时的农村经济发展发挥了重要作用,并为整个国民经济的恢复做出了重要贡献。

第二项成功的举措是 1979 年以后,国家对农村金融制度进行改革,其中包括恢复农业银行,放开对民间信用的管制,允许多种融资方式并存。特别是允许成立民间合作金融组织。在这一政策的鼓励下,于 20 世纪 80 年代末期成立的农村合作基金会的存款规模至 1996 年已发展为农村信用合作社的 1/9,对农村经济的融资需求提供了极大的支持。一项全国性的调查表明,农村合作基金会 45% 的贷款提供给了农户,24% 的贷款提供给了乡镇企业。这不仅大大超过了农业银行的相应贷款比例,而且超过了农村信用合作社的贷款中投入农村经济的比例。由于农村合作基金会不受国家的利率约束,因此其贷款利率

较农村信用合作社更为灵活,贷款的平均收益也更高。

我国农村金融制度变迁中,允许成立民间合作金融组织,允许多种融资方式共存的举措,是根据农村客观存在的信贷需求和融资方式提出来的,具有自下而上的需求诱致性制度变迁特征。需求诱致性制度变迁符合变迁主体的利益,是主体在衡量成本收益后主动推出的,因而能够取得预期的效果。

6.4.2 历史教训

● 强制变迁,自上而下的农村合作金融制度改革难以取得成功

在我国农村金融制度变迁的进程中,中央政府始终处于绝对的主导地位,其变迁方式主要是由中央政府主导的自上而下的强制性变迁,并对这一路径具有很强的依赖性。

132

1958 年,农村信用社被并入人民公社和生产大队管理,变成了国家基层管理机关和组织在农村的融资工具。1977 年,农村信用社的资金被纳入国家信贷计划,信用合作社被纳入国家银行体制之中。1979 年,农村信用社恢复合作金融组织地位,但因接受中国农业银行的管理,因而实质上成了农业银行的"基层机构"。1994 年国务院决定对农村信用社进行商业化改造,并成立县联社管理信用社的业务。1996 年农村信用社改为由中国人民银行监管,与农行"脱钩"。在一系列的强制性变迁中,农村信用社的所有权屡被改变,经营权和资金使用权受到严重干涉,致使其长期以来未能体现创办时所欲体现的"合作"性质,从而不仅难以履行农村信用合作社为农业和农民服务的宗旨,而且行政干预下的贷款往往最终成为呆账、坏账,大大恶化了农村信用社的资产质量。农村信用社为了自己脱困,也选择规模经营、撤并集中之路,大量撤并基层业务代办点,清退农民代办员,推行一级法人管理,将资金回收到县联社层次,与农村和农民更加疏远,加剧了信息不对称。

由此可见,强制性制度变迁的结果是导致农村信用合作组织——信用社背离了合作金融的性质,远离了农民和农户的制度需求,导致了本应具有活力的合作金融组织——农村基金会饱尝部门

利益冲突的恶果,被迫成为利率高企、通货膨胀的替罪羊;导致专门指导和办理农村金融业务的中国农业银行逐步脱离农村金融体系,放弃了对农业发展提供金融支持。

133

7. 经验研究——基于经济落后地区农户金融合作行为的经验分析

7.1 基于经济落后地区农户金融合作意愿的经验研究

实践是检验真理的唯一标准。任何理论只有经过实践检验才能称得上是真正意义上的理论,否则,只能是具有假说性质的逻辑推理。经验研究的目的在于检验理论的正确性,统计检验是实践检验的一种形式。当然,统计检验不显著,并不意味着这一研究无价值。实践检验过程是借助逻辑推论的链条进行的,在这一逻辑链条中,只是某些环节才可能进行直接检验。如果把直接检验绝对化,就会犯经验主义的错误。

基于第 3 章的理论假说,本书希望通过经验研究,对假说进行检验,从观察农户的视角,研究经济落后地区农村信用社推行以合作制为核心的产权制度改革的现实基础——农户的金融合作意愿和偏好,并以此检验第 3 章提出的理论假说。为此,采取问卷调查——调查结果统计——对数据进行统计分析的方式进行,并确立了如下研究框架:(1)根据直接调查经济落后地区农户取得的数据,对关系农村信用社改革的重要变量作总体推断;(2)建立分析模型,分析变量之间的相互关系。

7.1.1 简要说明

为了探索农户金融合作的意愿,以及相关变量之间的相互关系,本书做了这样的假设:经济落后地区的农户从农村信用社取得借款与否同农户是否将信用社看成是自己的金融机构、是否愿意投资参股信用社应当是密切相关的,而且应当是正相关。也就是说从农村信用社取得贷款的农户比没有取得贷款的农户应当更容易把农村信用社视为服务于自己的金融机构,对农村信用社会更有认同感,同时也会更具有入股农村信用社参与金融合作的意愿。

这种关系可以下函数表示:

$$c = f(B, S, I)$$

其中,c 代表农户的金融合作意愿;B 是一个反映农户从信用社取得借款与否的变量;S 代表农户是否认同现存的农村信用社;I 代表农户收入水平。

7.1.2 数据来源、变量界定与计量模型

（1）数据来源

本书研究的数据来源于"中国经济落后地区农户金融合作行为研究"项目组于 2008 年对我国西北、西南、东北和中部欠发达地区农村深入农户家庭,采取面对面问答方式调查取得的第一手数据,该数据能够比较有效地反映我国经济落后地区有关农户金融合作行为的信息。具体包括新疆、陕西、河南、安徽、山东、黑龙江、辽宁、广西、云南、贵州等 10 个省（区）、29 个县、196 个自然村、共 1 862 户农民。其中适用于本节分析的有效问卷为 1 526 份。

（2）变量选取

为了考察农户是否具有金融合作意愿,在调研问卷中设计的关于这一因变量的问题是:"如果现在农民出钱,重新成立农民自己的信用合作社,参与者可以获得分红收入并能得到利率优惠的贷款,您是否愿意入股参与?"答案为"愿意"或"不愿意"。在 1 526 份有效问卷中,回答"愿意"的为 845 份,占总数的 55.4%;回答"不愿意"的共 681 份,占总数的 44.6%,也就是说被调查的农户大多数具有金融合作意愿。为了着重分析农户金融合作意愿的影响因素,在以农户金融合作意愿为因变量,所涉及的回归指标包括农户性别、年龄、受教育年限、收入、农业贷款需求、贷款打算、贷款难易以及借款等。现将以上因素分为人口统计特征、家庭借贷特征两方面

进行具体说明。

①在人口统计特征因素中,将选取"性别"、"年龄"、"受教育年限"和"收入"等指标来刻画。

性别、年龄,属于社会—人口统计特征范畴,这两个变量的选入意在考察性别和年龄的差异是否对农户的金融合作意愿产生影响。性别的变量标记:[性别=1]代表男性,[性别=0]代表女性。被调查的农户分为三个年龄段:[年龄=1]表示小于等于30岁的青年人;[年龄=2]表示大于30岁小于等于50岁的中年人;[年龄=3]表示大于50岁的老年人。

受教育年限,也属于社会—人口统计范畴,选取该变量目的为考察农户文化水平的差异是否是影响其金融合作意愿的显著因素。由于我国农户总体文化水平不高,问卷将低层次的受教育年限进行了细分,具体分为"小学及以下"、"初中"、"高中"和"大专及以上"等,这种分类方法具有一定的现实性。变量标记:[教育=1]代表受教育年限为"小学及以下";[教育=2]代表"初中";[教育=3]代表"高中";[教育=4]代表"大专及以上"。

收入水平,该变量是一个用于反映农户家庭年收入水平的一个多维度分层指标,用来考察不同收入水平农户的合作意愿是否存在差异。变量标记:[收入=1]表示农户家庭年收入在10 000元以下;[收入=2]表示家庭年收入介于10 000~20 000元之间;[收入=3]表示家庭年收入介于20 000~30 000元之间;[收入=4]表示家庭年收入介于30 000~50 000元之间;[收入=5]表示家庭年收入在50 000元以上。

②在家庭借贷特征因素中,将选取"贷款需求"、"贷款打算"、"借款经历"和"贷款难易"等指标来刻画。

贷款需求,用来反映样本农户当前在农业生产方面是否需要贷款。农户在农业生产方面资金需求状况是否影响农户的金融合作意愿有待考察。变量标记:[需求=1]代表农户在农业生产方面有贷款需要;[需求=0]代表农户目前在农业生产方面没有贷款需要。

贷款打算,是指样本农户对信用社的贷款打算,选取该变量意在反映农户对信用社的认同情况,取得该变量数据的提问方式是"您是否打算向信用社贷款?"变量标记:[打算 =1]表示农户打算向信用社贷款;[打算 =0]表示农户不打算向信用社贷款。

借款,该变量主要反映样本农户从信用社取得借款与否的情况。选取该变量的目的在于通过分析样本中从农村信用贷款农户的所占比例,在总体上推断被调查地区信用社的贷款覆盖农户的程度。变量标记:[借款 =1]代表农户曾向当地农村信用社借过钱;[借款 =0]代表农户没有向当地农村信用社借过钱。

贷款难易,是指样本农户从信用社取得贷款的难易程度,该变量的选取意在考察农户对信用社的评价以及是否对金融合作意愿产生影响。变量标记:[难度 =1]代表农户认为向信用社取得贷款难;[难度 =0]代表农户向信用社取得贷款不难。上述各变量的数据基础统计见表7.1。

表 7.1　数据分布基础统计

变量名称	变量标记	农户数	百分比(%)	累计百分比(%)
合作意愿(Y)	愿意 = 1	845	55.4	55.4
	不愿意 = 0	681	44.6	100.0
性别(X_1)	性别 = 0	1 034	67.8	67.8
	性别 = 1	492	32.2	100.0
年龄(X_2)	年龄 = 1	178	11.7	11.7
	年龄 = 2	925	60.6	72.3
	年龄 = 3	423	27.7	100.0
受教育年限(X_3)	教育 = 1	470	30.8	30.8
	教育 = 2	762	49.9	80.7
	教育 = 3	237	15.5	96.3
	教育 = 4	57	3.7	100.0

变量名称	变量标记	农户数	百分比(%)	累计百分比(%)
年收入(X_4)	收入 = 1	605	39.6	39.6
	收入 = 2	542	35.5	75.1
	收入 = 3	218	14.3	89.4
	收入 = 4	101	6.6	96.1
	收入 = 5	60	3.9	100.0
贷款需求(X_5)	需求 = 1	428	28.0	28.0
	需求 = 0	1 098	72.0	100.0
贷款打算(X_6)	打算 = 1	579	37.9	37.9
	打算 = 0	947	62.1	100.0
借款(X_7)	借款 = 1	671	44.0	44.0
	借款 = 0	855	56.0	100.0
贷款难易(X_8)	难易 = 1	1 103	72.3	72.3
	难易 = 0	423	27.7	100

(3)分析模型

本节通过建立计量模型来确认有哪些因素对农户参与合作金融组织的意愿产生影响。根据前面的论述,农户对于合作金融的参与意愿有两种选择,需要在"愿意"和"不愿意"中做出选择。所以这里因变量是二分变量,自变量为一系列可能对农户合作意愿产生影响的连续变量或分类变量。因此,选择二项逻辑斯蒂模型(Binary Logistic Model)进行分析。

建立农户金融合作意愿和影响因素之间的函数 $y = f(x_i)$。其中,y 表示农户金融合作意愿,"1 = 愿意"和"0 = 不愿意"。$y = 1$ 的总体概率为 $p(y = 1)$,x_i 表示各影响因素,对应的 Logistic 回归模型为:

$$\text{Logit}[p(y = 1)] = \log\left[\frac{p(y = 1)}{1 - p(y = 1)}\right] \tag{1}$$
$$= b_0 + b_1 x_1 + b_2 x_2 + \cdots + b_p x_p$$

其中，b_0 为常数项，b_1 到 b_p 为 Logistic 模型的回归系数，是 Logistic 模型的估计参数，x_1 到 x_p 为自变量。模型左侧称之为 Logit，是事件发生几率的自然对数值。公式(1)中各个回归因素的效应预期见表 7.2。

表 7.2　模型变量的定义及效应预期

变量类型	变量名称	变量符号	取值范围	变量含义及赋值	效应预期
因变量	农户是否愿意入股重新设立的信用社?	Y	0 ~ 1	"愿意" = 1 "不愿意" = 0	—
人口统计特征	性别	X_1	0 ~ 1	受访者性别:0 = 男性,1 = 女性	?
	年龄	X_2	1 ~ 4	受访者年龄:1 = 30 岁以下,2 = 30 ~ 50 岁,3 = 50 岁以上	?
	受教育年限	X_3	1 ~ 4	受访者受教育年限:1 = 小学及以下,2 = 初中,3 = 高中,4 = 大专及以上	+
	年收入	X_4	1 ~ 5	家庭年平均收入:1 = 1 万元以下,2 = 1 万 ~ 2 万元,3 = 2 万 ~ 3 万元,4 = 3 万 ~ 5 万元,5 = 5 万元以上	−
家庭借贷特征	贷款需求	X_5	0 ~ 1	农业方面是否需要贷款:1 = 是,0 = 否	+
	贷款打算	X_6	0 ~ 1	是否打算向信用社贷款:1 = 是,0 = 否	+
	借款	X_7	0 ~ 1	是否向信用社借过钱:1 = 是,0 = 否	+
	贷款难易	X_8	0 ~ 1	向信用社贷款难不难:1 = 难,0 = 不难	?

注:如果变量值增大能够强化农户的金融合作意愿,则效用预计影响方向为"＋",反之为"－";如果无法确定,则为"?"。

139

7.1.3 统计分析结果

本书对数据进行分析和处理是运用 SPSS 16.0 软件中的二元 logistic 回归模型,估计 8 个自变量与因变量"意愿 = 1"(农户愿意入股农村金融合作组织)时,虽然 Cox and Snell 决定系数和 Nagekerke 决定系数分别只有 6.9% 和 9.2%,但是 Hosmer-Lemeshow 拟合优度检验得到 P 值为 0.434,大于显著性水平 0.05,表明由预测概率获得的期望数据与调查数据之间的差异无统计学意义,即模型拟合度较好。通过显著性检验发现影响农户金融合作意愿的显著因素见表 7.3。

表 7.3　影响农户金融合作意愿的因素

影响因素	B	S. E.	Wald	df	Sig.	Exp(B)
性别	-0.026	0.111	0.269	1	0.604	0.944
年龄	—	—	3.523	2	0.172	—
年龄(1)	-0.076	0.195	0.152	1	0.696	0.927
年龄(2)	-0.227	0.126	3.245	1	0.072	0.797
教育	—	—	7.994	3	0.046	—
教育(1)	0.322	0.317	1.035	1	0.309	1.381
教育(2)	0.463	0.304	2.329	1	0.127	1.589
教育(3)	0.055	0.324	0.029	1	0.864	1.057
收入	—	—	16.451	4	0.002	—
收入(1)	0.708	0.310	5.199	1	0.023	2.029
收入(2)	0.549	0.310	3.139	1	0.076	1.732
收入(3)	0.263	0.330	0.634	1	0.426	1.300
收入(4)	-0.025	0.369	0.005	1	0.946	0.975
贷款需求	0.385	0.148	6.816	1	0.009	1.470
贷款打算	0.489	0.138	12.468	1	0.000	1.631
借款经历	0.215	0.119	3.277	1	0.007	1.240
借款难易	-0.080	0.125	0.411	1	0.522	0.923
常量	-2.978	0.544	29.966	1	0.000	0.051

由表 7.3 可以得出如下主要结论:

第一,从社会人口统计特征来看,除性别和年龄外,其余因素的统计数据结果与效应预期一致,具体结果为:

(1)从农户的性别来看,关于农户性别与其金融合作意愿的关系没有可借鉴的前期研究,但根据本次调查结果发现,男性农户女性农户相比更不愿意参与金融合作(估计值为负值 -0.026),但经检验 $P = 0.604 > 0.05$,说明这种结论无统计学意义。

(2)从农户年龄来看,其结果不具有统计意义,因而可以认为年龄并不是影响农户金融合作意愿的主要因素。

(3)从农户的教育程度来看,在本次调查中所有接受访问的 1527 名农户按照受教育年限从低到高,百分比分别为 30.8%、49.9%、15.5% 和 3.7%,而在 845 名具有金融合作意愿的农户中,以上百分比分别为 29.4%、47.7%、18.5% 和 4.4%,由此说明教育是影响农户金融合作意愿的重要因素,受教育程度较高的农户参与金融合作的意愿更高。

(4)从农户收入来看,模型检验结果统计显著并与理论预期一致。农户的金融合作意愿随着收入水平的提高逐渐减弱,其原因可能在于高收入农户的借款欲望弱于低收入者,即使需要资金也能够从其他途径获得,因而对合作金融的依赖性比较小。

141

第二,就农户家庭借贷特征而言,除了"贷款难易"的统计特征不显著外,其他各因素具有显著的统计意义,且与预期一致。具体结果为:

(1)从农户贷款需求来看,实际调查结果反映了理论预期结果。实际样本农户的调查结果是:当前在农业生产方面需要贷款的农户具有更强的金融合作意愿,在其他因素不变的情况下,有贷款需求农户的金融合作意愿强度约是没有需求者的 1.5 倍。

(2)从农户贷款打算来看,根据统计结果,打算向信用社贷款的 579 名农户中,愿意参与金融合作的农户比例为 67.7%,且其合作意愿强度约是没有打算向信用社贷款者的 2 倍。打算从信用社贷款农户往往在生产或生活中缺乏资金,为了能够获得优惠利率的贷款,使他们更倾向于入股农村合作金融组织。

(3)从农户借款经历来看,实际调查结果反映了理论预期结果且具有显著的统计意义。是否从信用社取得借款对于农户参与金融合作有重要影响,从信用社取得借款的农户更加愿意入股合作金融组织。

(4)从农户借款难易来看,此次调查结果是:认为向信用社贷款难的农户不愿意入股新设立信用合作社。但经检验 P = 0.522 > 0.05,说明该结论在统计上不具有显著性,因而可认为农户主观上所认为向信用社贷款的难易并不是影响农户参与新型合作金融组织(不包括信用社)的重要因素。

7.1.4 几点认识

(1)目前的农村信用社是大多数农户取得资金从事农业生产的重要来源。在农村信用社获得贷款的农户占到农户的大多数。从信用社取得借款与否对于农户是否把农村信用社视为农民自己的金融机构具有重要意义,取得过借款的农户认同信用社的数量多于没有取得借款的农户。

142

(2)农户是否从信用社取得借款对农户的金融合作意愿同样产生重要的影响。借款农户比没有借款农户更具有金融合作的意愿,更希望参股农村信用社。

(3)经济落后地区(更严格一点讲是被调查地区)农户的大多数认为农村信用社是为农民服务的金融机构,对农村信用社具有认同感。没有证据证明:农民都不认为信用社是为他们服务的金融机构。

(4)农户收入水平的高低对于农户看待农村信用社的态度没有显著的影响。但收入水平对农户的金融合作意愿有影响。

(5)从总体上看,是否愿意入股当地的农村信用社这一反映农户金融合作意愿的变量,统计学意义不显著,就是说愿意入股当地农村信用社的农户与不愿意入股的农户在数量上没有明显的差别,不能肯定农户更倾向于入股还是不入股。这一结果与多数农户积极评价信用社的结果似乎有矛盾。一般而言,既然多数农户把信用社视做为农民服务的金融机构,且统计报告结果也显示农户越是认同信用社就越有入股的意愿,那么,为什么从总体上认同信用社的农户多,而愿意入股的农户与不愿意入股的农户在数量上并没有明显差别?[1] 这说明农户虽然认同信用社是为其服务的,但就金融合作的

---

[1] 尽管样本数据中两者有差别,但统计分析显示无明显差别。

方式而言,有相当数量的农户并不认为入股信用社是最佳的金融合作方式,农户可能更偏好于选择其他的合作方式。其实,经济落后地区农村信用社的改革不简单是产权模式的选择问题,同时也存在组织模式的选择问题,农村信用社改革中如果组织模式选择不当,可能会影响农民的合作意愿,从而降低制度的组织效率。因此,对于经济落后地区而言,农村金融体制的改革不仅需要研究农户的金融合作意愿,还需要进一步深入研究农户的金融合作偏好。

7.2 基于经济落后地区农户金融合作偏好的经验研究

通过上节分析可知广大农户具有强烈的金融合作意愿,合作金融在我国广大欠发达地区存在着广泛的群众基础。但是关于合作方式的选择,农户究竟偏好于传统的合作金融组织——农村信用社,还是农村小型合作金融组织(如村互助基金),这需要进一步深入研究农户的金融合作偏好。

7.2.1 变量选取的说明

研究农户金融合作偏好在变量上选取了四个,数据全部为分类数据,且都是二分类变量。

(1)评价性变量

评价性变量主要反映研究中需要了解农户对农村信用社的态度和评价及其对农村互助合作基金的间接影响,主要包括:被调查农户就信用社的贷款打算和向信用社贷款难易程度。提问的方式分别是:"您是否打算向信用社贷款?"和"您认为向信用社贷款难不难?"对这两个问题的回答能够从不同程度上反映农户对信用社的认同程度与评价,间接影响农户对其他金融合作方式的行为。

据调查,打算向信用社贷款的农户仅为 633 户,占有效样本总数(1 677 份)的 37.7%;而不打算向信用社贷款的农户为 1 044 户,占到样本总数的 62.3%。变量标记:[打算 = 1]表示农户打算向信用社贷款,[打算 = 2]表示不打算贷款。调查中认为向信用社贷款难的农户为 1 193 户,占到样本总数的 71.1% ;认为向信用社贷款不难的农户仅 484 户,占样本总数的 28.9% 。变量标记:[难易 =1]代表农户认为向信用社贷款难,[难易 =2]代表贷款不难。

(2)偏好性变量

偏好性变量的引入主要用于考察农户对合作方式有没有明显的偏好、合作偏好是否受上述两变量的影响以及影响程度。为了研究农户的金融合作偏好,本书共引入了两个意愿性变量:"入股基金"和"入股信用社",提问方式分别为:"如果只是村里人共同出资建立互助合作基金,全村人各家把结余的钱存入互助基金,可以获得利息及分红收入并能得到利率较优惠的贷款,这样的互助基金您愿意参加吗?"、"如果让您入股现有的信用社,您是否愿意?"。对这两个问题的回答都能够在不同程度上反映农户的金融合作意愿,对两种参与方式的选择则能反映农户的金融合作偏好。

根据调查,愿意加入互助合作基金的数为 925 户,占样本总数的 55.2% ;不愿意入股互助基金的农户为 752 户,占样本总数的 44.8% ;变量标记:[入股基金 =1]表示愿意入股互助基金,[入股基金 =2]表示不愿意加入互助基金。而调查中愿意入股信用社的农户为 753 户,占样本总数的 44.9% ;不愿意加入信用社的农户为 924 户,占有效样本总数的 55.1% 。调查统计的数据基础见表 7.4。

表 7.4 数据基础统计分析

变量名称	变量标记	农户数(户)	百分比(%)	累计百分比(%)
贷款打算	打算 =1	633	37.7	37.7
	打算 =2	1 044	62.3	100
贷款难易	难易 =1	1 193	71.1	71.1
	难易 =2	484	28.9	100
入股基金	入股基金 =1	925	55.2	55.2
	入股基金 =2	752	44.8	100
入股信用社	入股信用社 =1	753	44.9	44.9
	入股信用社 =2	924	55.1	100

通过表7.4的显示结果,可以从总体上推断:打算向信用社贷款和不打算贷款的农户、认为向信用社贷款难和认为不难的农户、愿意入股互助合作基金和不愿意入股基金的农户、愿意入股信用社和不愿意入股信用社的农户在数量上都存在显著差异。认为向信用社贷款难和不打算从信用社贷款的农户均占相当高的比例,由此可以反映出现有农村信用社的支农力度不足,农户对信用社缺乏认同感。需要强调的是,"愿意入股基金"和"不愿意入股信用社"的农户均占较高的比例,因此可以做出如下推断:欠发达地区绝大多数农户不认为信用社是其可信赖的合作金融组织,大多数农民更愿意以村落为单位加入本村村民组成的合作金融机构。

7.2.2 分析模型与统计结果分析

本节所采用的分析模型是对数线性模型,该模型是一种纯粹应用于分类变量分析的多元统计方法,能够全面地分析各变量之间的联系和交互效应。对于上述4个分类变量,其基本模型如下:

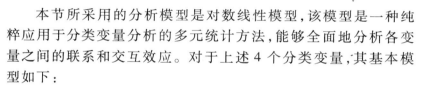

$$ln(n)_{abcd} = \mu_{\cdot\cdot} + \mu_a + \mu_b + \mu_c + \mu_d + \mu_{ab} + \mu_{ac} + \mu_{ad} + \cdots + \mu_{abcd}$$

模型中 n 代表变量与变量之间的交互频数, $\mu_{\cdot\cdot}$ 为常数项, μ_a、 μ_b、 μ_c 和 μ_d 分别代表以上4个变量的主效应, μ_{ab}、 μ_{ac}、 μ_{ad} 为各变量之间二阶交互效应,二阶交互效应共有6个,其后是4个三阶交互效应,最后是1个四阶交互效应 μ_{abcd} 。[①]

运用对数线性模型进行分析时,首先使用分层饱和模型对调查数据作分层检验,筛选出没有统计意义的高阶交互效应,以寻求真正重要的交换效应。分层饱和模型的分析结果见表7.5。表7.5显示,三阶以上交互效应的统计意义不显著,因此直接采用三阶一般模型(General Model)分析,其统计分析结果见表7.6。

---

① 由于模型中交互效应项较多,文中省略号代替了3个二阶交互效应项和4个三阶交互效应项。

表 7.5　分层饱和模型(Hierarchical Model)检验结果

	K	df	似然比		Pearson		迭代数
			卡方	Sig.	卡方	Sig.	
K – Way 和高阶效果	1	15	996.582	.000	1241.039	.000	0
	2	11	550.088	.000	615.864	.000	2
	3	5	18.681	.002	18.924	.002	6
	4	1	4.109	.043	4.124	.420	5
K – Way 效果	1	4	446.494	.000	625.175	.000	0
	2	6	531.407	.000	596.940	.000	0
	3	4	14.572	.006	14.800	.005	0
	4	1	4.109	.043	4.124	.420	0

统计结果显示,三阶一般模型的似然比卡方(Likelihood Ratio)和皮尔逊卡方(Pearson)的 P 值分别为 0.8235 和 0.8371,说明三阶一般模型与饱和模型的拟合度很高,能够反映主要的交互关系。

表 7.6　Log linear 三阶一般模型(General Model)检验结果

Parameter	Estimate	S. E.	Z	Sig.	95% 置信区间	
					下限	上限
[贷款打算 = 1]	−.724	.156	−4.649	.000	−1.029	−.419
[贷款难易 = 1]	1.500	.108	13.935	.000	1.289	1.711
[入股基金 = 1]	−.776	.146	−5.315	.000	−1.062	−.490
[入股信用社 = 1]	−.840	.127	−6.619	.000	−1.089	−.591
[入股基金 = 1] × [入股信用社 = 1]	1.794	.117	15.313	.000	1.564	2.023
[贷款打算 = 1] × [入股信用社 = 1]	.543	.115	4.722	.000	.318	.768

续表

Parameter	Estimate	S. E.	Z	Sig.	95% 置信区间	
					下限	上限
［贷款难易 = 1］×［入股信用社 = 1］	-.883	.124	-7.151	.000	-1.126	-.641
［贷款打算 = 1］×［入股基金 = 1］	.360	.195	1.847	.065	-.022	.742
［贷款难易 = 1］×［入股基金 = 1］	-.096	.154	-.622	.534	-.398	.206
［贷款打算 = 1］×［贷款难易 = 1］	-.807	.185	-4.364	.000	-1.169	-.444
［贷款打算 = 1］×［贷款难易 = 1］×［入股基金 = 1］	.768	.232	3.315	.001	.314	1.222

表 7.6 中三阶一般模型(General Model)检验结果显示,第五、六、七、八、十、十一行的数据具有显著的统计学意义。可以看出:(1)愿意加入由同村村民共同出资组建的互助合作基金的农户同样愿意投资入股现有的信用社;(2)打算向信用社贷款的农户既愿意入股现有的信用社,也愿意参与用同村村民出资组建的互助合作基金;(3)认为向信用社贷款有难度的农户不愿意投资入股现有的信用社;(4)愿意参与金融合作的农户中更倾向于以同村村民集体出资组建合作金融机构;(5)认为向信用社贷款难又打算贷款的农户更愿意参与同村村民出资组建的互助合作基金。

通过以上对调查数据的分析,我们得到以下几点认识:

第一,目前欠发达地区农村信用社为农户提供金融服务的效率不高。广大农户普遍认为向信用社获得贷款存在难度,只有少部分农户曾经从信用社获得过贷款。即使需要资金,农户也多数不打算依靠信用社来解决生产和生活中的困难。据调查发现,认为向信用社贷款难的农户中低收入者占绝大多数,而高收入农户则多数认为向信用社获得贷款不难,由此可投射出信用社贷款存在人情成本,这将从一个侧面反映出现有信用社在支农方面的低效率。农村信用社应努力增强支农服务功能,农户贷款覆盖面和支农服务满意度有待提高。

第二,我国欠发达地区广大农户有着强烈的金融合作意愿,合作金融在我国农村存在着广泛的群众基础,在农村推行以合作金融为主要内容的金融改革存在现实的可能性。根据调查,教育、收入、曾向信用社借款与否以及是否打算向信用社贷款等都是影响农户金融合作意愿的重要因素。低学历农户的金融合作意愿较弱,低收入农户的金融合作意愿较强,农户愈是打算向信用社贷款就愈愿意参与金融合作,从信用社取得借款的农户更具有金融合作的意愿。此外,向信用社贷款的难易程度不是影响农户参与其他合作方式的显著因素,但对农户是否选择入股信用社有着重要影响:农户愈是认为向信用社贷款难,就愈不愿意以入股信用社的方式参与金融合作。

第三,对于合作方式的选择,广大农户有着自身的偏好,与传统的合作金融组织——农村信用社相比,他们更愿意选择在自己熟悉的人群中以互助合作的方式共同参与金融合作。虽然信用社曾一度以合作制为组织模式,但在商业化改革导向的影响下,其贷款结构表现出了日趋严重的"非农化"和"城市化"倾向使一般农户获得贷款的可能性不断降低,其组织模式也逐渐背离了社员入股的初衷。所以,对于广大有着强烈金融合作意愿的农户来说,以入股信用社的方式参与金融合作,并不是他们的最优选择。

综上所述,当前我国欠发达地区农村信用社仍普遍存在支农环节薄弱的问题,有关信用社的农村金融改革仍需继续,但在其改革中组织模式选择一定要结合农村实际,如果强行通过制度变迁来恢复信用社的合作性质将具有一定难度。然而我们不能否认合作金融在发展农村经济中的必要性和突出作用,并不能因为信用社难以恢复合作制而放弃农村合作金融的发展。在我国欠发达地区广大农户有着强烈的金融合作意愿,并且在合作方式上偏好于熟悉环境中互助合作金融组织。因此,今后在农村推行以合作金融为主要内容的金融改革过程中,应着重发展农村小型互助合作金融组织。以上经验研究的结论表明:作为经济落后地区的广大农户有着强烈的金融合作意愿,但是,对于金融合作方式的选择,广大农户有着自身的偏好,他们更愿意选择在自己熟悉的人群中间进行金融合作。虽然大多数农户认同现有的信用合作社,但让他们以参股信用合作社的方式参与金融合作,并不是他们的最优选择,从而在经验上证明了本书提出的理论假说。

8. 农村合作金融制度的再认识与 进一步深化改革的思路

8.1 合作金融制度的再认识

8.1.1 合作金融的制度优势

150

　　第一,作为一种制度,合作金融是合作经济在金融领域的存在形式,合作经济起源于经济上弱小主体之间的互助合作。一般认为,合作经济是由一些具有共同经济需求的农户及其他分散弱小的经济主体,为了抗衡经济领域相关环节的垄断,为了在市场经济条件下抵御来自外部的强大压力,从整体上提升自己的竞争能力和地位,而自愿联合形成的、共同所有、自我服务、民主管理的经济组织形式。在市场经济条件下,由于人们所拥有的禀赋以及在生产要素占有上的差异,必然导致社会成员在收入水平和经济地位上的差距扩大,从而形成不同的阶层和群体。农业是弱质产业,在市场机制的作用下,必然导致农民在市场竞争中处于不利的地位,缺少与强势群体博弈的能力,成为社会的弱势群体。分散的弱势群体如果不在经济上开展联合,则无法与外部的强势经济组织相抗衡,只会使自己在经济上处于更加不利的地位。因此,处于弱势地位的农民只有通过经济上的互助合作,才能提高竞争地位,改善经济状况,与外部强大的经济组织相抗衡。合作金融正是在这种背景下产生的金融合作组织方式。合作金融组织遵循"自愿参与,互助互利、民主管理、不单纯以营利为目的、为成员服务"的原则,从而保证了合作金融的参与者能以低于一般市场交易成本的代价优先获得相应的服务,更能够满足农民的资金需求。① 同时,合作金融还是引导小生产进入大市场,提高个体经济和弱小经济实体的组织化程度,增强他们的竞争能力,在激烈的市场竞争中求得生存和发展的有效途径。广大农民只有开展广泛的金融合作才可能摆脱资金困境,发展农村经济,缩小贫富差距,实现共同富裕。

第二,根据制度经济学理论,合作金融的产生主要来自"在正规的金融市场受到差别待遇的中小经济个体,以利他(互助)换取利己(融资)"的现实需求,其根源是交易意识和降低交易成本的动机。经济上的互助合作是一种"利他"与"利己"相融的行为,微观主体之间的互助合作不是一次性的交易,而是一个重复博弈过程,在重复合作博弈中会形成最优的均衡解,合作的各方都将获得最大收益。互助合作是一种利益调整机制,是一种"帕累托"改进,即通过互助合作,经济上的弱势群体利益得以改善,从而引起了整个社会的整体利益改善,同时并没有任何人的利益受到损害。

151

合作经济体现的是"人的联合",反映了人与人的互助关系。合作金融是以资金为媒介的人的联合,人的联合是主体,资金的联合是客体。合作金融采取最能够体现合作者主体意愿的民主管理方式,它以人与人的和谐相处为前提,同时又成为促进人与人和谐相处的有效机制。从早期的空想社会主义思想家傅立叶和欧文到科学社会主义的创始人马克思都认为,互助合作既是实现理想社会的前提和途径,也是建立"广泛与和谐"的理想社会的基础。

第三,合作金融与农民有着天然的联系,容易被农民认同为自己的金融组织。

对于商业金融而言,农民的融资需求具有相对分散、规模小、周期短、监管难、风险大等特点,向农户提供贷款无论是在资产抵押、信用担保,还是对农户进行信用评估等方面都存在巨大的技术障碍,必然导致成本加大,因而向农户提供贷款是一笔"出力不讨好的赔钱买

① 何广文、冯兴元、李莉莉:《论农村信用社制度创新模式与路径选择》,载《中国农村信用合作》2003 年第 8 期。

卖",于是商业金融从农村金融市场退出自然成为其一种理性的选择。而民间金融的高利贷性质、不规范以及频繁发生的债务纠纷,往往使得大多数农户望而却步。

农村合作金融组织根植于农村,由农民出资组建,以农民为参与主体,服务于农民。农村合作金融机构一般以乡村为边界,社区内的农民在生产、生活、借贷活动上具有多方面的共性,加之血缘关系和地缘关系为主的社会环境强化了社区成员的共同信仰和习惯,因此,对于地处农村、本身就是由同一乡村农民共同出资组建的合作金融机构来说,获取借款农户资金用途、还款能力、守信程度等信息的成本远低于其他类型的金融机构。同时,农村是一个熟人社会,从而保证了农户还款的积极性,降低了信用风险。因为,农户从合作金融机构取得贷款是一个长期的重复博弈过程,在重复博弈中,对长期合作的当事人来说,履行承诺是比欺骗更佳的策略,只有遵守合作金融机构的秩序和规范、信守承诺才能产生"合作剩余",轻易地践踏规则就可能丧失借贷机会,背负沉重的心理压力,被视为不讲信用的人,甚至影响几代人。① 所以,在熟人社会的环境中,借款农户更倾向于选择按期偿还贷款的策略,从而极大地降低了农村合作金融机构的信用风险。此外,农村合作金融机构有着其他类型金融机构无法比拟的优势,它能够方便、快捷地满足大量农户小额、短期、灵活、低息的资金需求,机构分布面广,能够覆盖大多数农户,而且业务明确,自我服务功能较强,并有助于防止农村资金的外部流失。

第四,广大农民有着强烈金融合作意愿,合作金融在我国广大的农村存在着广泛的群众基础,是广大农民的现实需要。在农村推进以合作金融为主要内容的金融改革存在现实的可能性。

本书第3章的理论分析表明,推进我国农村金融体制改革必须构建一个高效的农村合作金融体系。然而,这种必要性并不必然表现为可能性。因为,如果农民对金融合作有抵触,缺少参与金融合作

---

① 匡远配、李瑞芬:《合作制与我国农村信用社的改革研究》,载《北京农学院学报》2004年第4期。

的积极性,没有金融合作的意愿,构建农村合作金融体系的目标就难以成为现实。那么,在我国广大农村是否存在构建合作金融体系的可能性? 广大农民是否具有金融合作的意愿? 答案是肯定的。本书第 7 章的经验研究证明:广大农民不仅有着强烈金融合作意愿,而且表现出少有的积极性,在我国农村构建合作金融体系存在着现实可能性。经济学家在我国农村某地进行的农村合作基金试点也表明,在经济相对落后的农村,大多数农民都愿意以互助合作的方式共同参与金融合作。经济学家的尝试不仅在试点村取得了成功,而且还对周边乡村产生了显著的示范效应和辐射作用。此外,无论是发达的美国、法国、德国和日本,还是发展中的印度和我国台湾地区,他们的农业现代化进程都得益于农村合作金融组织的发展和壮大,农民的积极参与是这些国家和地区农村合作金融体系得以发展壮大的决定性因素。所有这些也从另一个侧面印证了,农村合作金融体系建 153 立不仅是必要的,而且是可行的。

8.1.2 合作金融的制度缺陷

第一,合作金融制度发挥理想的制度效率是有条件的。合作金融制度的特定制度结构设计暗含两种相反的成本效应:成本节约效应和成本增加效应。成本节约效应指合作金融制度利用社员固有的当地信息源和信任资本,以及民主管理、自我雇佣、无须付酬的优势,将单个社员与金融机构的交易行为(如资信评估、抵押担保等)的外部成本内部化①,在一定程度上降低信息甄别、监督和执行合约的交易成本,而给社员带来更多的利益。成本增加效应主要体现在三个方面:一是"民主管理"原则使合作组织无法从组织外雇用专业人员进行经营管理,并使管理人员因缺乏激励而"偷懒",导致效率低下,成本增加。二是由于个人投票对企业决策无足轻重,社员在监督组织方面理性无知,倾向于"搭便车",导致对组织的经营管理人员和其

---

① 胡祥苏:《交易成本与农民合作化》,载《中国经济时报》2000 年 12 月 20 日第 5 版。

他成员的监督严重缺位,信息供给严重不足,金融市场运行效率低下。三是逆向选择和道德风险问题。尤其是合作金融制度"一人一票"决策方式制度安排,权责不对等,很容易出现入股金额小的股东"合法"损害入股金额大的股东利益的行为。逆向选择和道德风险问题致使合作组织必须花费高昂成本去监督和防范社员发生此类问题,使金融市场运行缺乏效率。因此,上述分析表明,合作组织要具有较高效率,应当满足四个条件:

一是合作精神。合作精神是合作金融制度的生命和灵魂,是合作组织能够存在发展和发挥效率的基础。只有社员具有高度的合作精神和奉献精神,对合作组织高度忠诚,才能充分发挥合作组织民主管理、自我雇佣、无须付酬的成本节约优势,并弥补激励缺乏、逆向选择和严重道德风险问题导致的交易成本高昂等劣势。正是从这个意义上讲,谢平认为合作组织成员"没有自己独立的效用函数,而是各成员效用函数的累加"①。

二是适度规模。合作组织人数越少、经营规模越小,社员相互之间越容易了解和熟悉,信息越完全,受逆向选择和道德风险的危害就越小,其成本节约效应越大,制度效率越高。但另一方面,合作金融组织规模过小,无法实现规模经济,资金调剂困难,抗风险能力和市场竞争力弱小。

三是社员经营活动范围限于低风险行业或能提供足够的风险保证。合作组织不以营利为目标,公共积累有限,抗风险能力弱小,客观上要求社员经营风险小,不危害组织利益。

四是人才条件。金融业是一种对专业化经营管理水平要求很高的行业,合作组织内部需要有愿意为组织尽心服务,且具有金融理论和管理水平的社员。否则,由社外人员经营管理合作组织,产生内部人控制问题。

第二,合作金融制度原则与制度环境之间在相容性上存在矛盾。

---

① 谢平:《中国农村信用合作社体制改革的争论》,载《金融研究》2001 年第 1 期。

首先,从产生方式看,我国的农村信用社不是由社员出于信用合作需要自发产生,而是在 20 世纪 50 年代的"合作化"运动中由政府主导而组建,社员之间在组织成立一开始便不具有合作金融存在所必需的牢固的"合作精神"基础,由于受传统文化等影响,中国人缺乏集团生活习惯。[①] 在信息不对称、难以对社员损害组织利益行为进行判断和有效惩罚下,合作组织尤其容易产生社员"损公肥私"的不合作行为。合作金融所要求的理想制度效率条件在现实中很难满足。

其次,民主管理、为社员服务原则与专业化管理要求的矛盾。现代企业管理需要专门的管理技术,但企业所有者往往并不具有经营管理所要求的专业技术,需要雇佣、聘请专业经理人员为自己管理企业。农村信用社的民主管理原则,决定其只能在社员内部有限的范围内物色经营管理人员,无法向商业银行那样在全社会范围内广泛搜集聘用优秀的专业银行家经营管理企业而导致效率损失。如果信用社向社会招聘专业管理人才,将与民主管理的合作金融制度原则相违背,而且由于社外的专业管理人员与信用社社员两者目标函数的差异,将很容易导致信用社在组织外人员管理下以追求股东价值最大化为目标,而偏离为社员服务的宗旨。

155

再次,非营利原则的困境。主要体现在三个方面:一是与风险防范要求的矛盾;二是与市场竞争和生存压力的矛盾;三是与激励要求的矛盾。这三方面因素决定,我国的农村信用社在现实中必须尽可能地追求赢利,但这与合作金融制度"非营利"原则直接矛盾。

又次,非负债原则与为社员服务,满足社员农业贷款需求的矛盾。改革开放以来,我国农村经济快速发展,特别是随着农业产业化经营的深入推广,农业生产规模不断扩大,社员对信用社的资金需求日益增大。农村信用社"一人一票"的民主管理原则和非营利原则,决定其难以通过增资扩股和积累而增大自身规模。而"非负债"原则

---

① 马忠富:《农村信用合作社改革成本及制度创新》,载《金融研究》2001 年第 4 期。

使合作组织无法通过对外负债调剂资金满足社员不断增长的资金需求,有违社员服务原则。

最后,规模困境。一方面,规模经济、我国农业生产规模化经营的发展及农业人口的增长等内外因素,要求我国农村信用社必须不断相应地扩大经营规模。但另一方面,规模越大、入社人数越多,农村信用社信息供给不足、信息不对称及由此导致的逆向选择和道德风险问题因此变得越突出,制度效率损失越严重。合作组织在规模上陷入两难的境地。

8.1.3 合作金融制度运行环境的再认识

合作金融制度的正面效应和不利因素是明显的。如果我们观察现代企业制度——股份制,我们就会发现,它同样存在着信息不对称、内部人控制、股权分散条件下的委托代理关系等问题,这些问题并没有得到解决,现实中我国上市公司质量不高都说明股份制也存在诸多问题,我们不能因此而否定股份制。限于本书的研究范围以及篇幅,对此不展开讨论。

如同我们不能由于股份制存在制度缺陷而否定股份制一样,我们也不能因为合作金融制度的缺陷而否定之。从历史的角度考察,从合作金融制度传入我国而诞生的第一个香河信用社起到陕甘宁边区的信用合作运动,都表现出良好的制度绩效。从国际合作运动的实践看,无论是发达的美国、法国、德国和日本,还是发展中的印度和我国台湾地区,合作金融制度一样表现出了良好的制度绩效。因此,需要讨论的并不是合作金融制度是否必要的问题,而需要探索:①什么才是决定合作金融制度绩效的关键性因素;②这种制度存在究竟需要怎样的外部制度环境,怎样的制度环境才有利于限制其缺陷发挥其优势;③如何根据现实环境对合作金融制度的原则进行必要的调整才是值得研究的。

基于上述认识以及本书设定的研究框架,可以得出以下认识:

第一,合作金融制度的发展应当是一个自下而上的渐进过程,是一个诱致性制度变迁过程。诱致性制度变迁的主体是个人或群体,在拥有获利机会时自发倡导、组织或施行。它的发生必须有某些来自制度不均衡的获利机会,在制度均衡—不均衡—均衡的循环往复中,完成制度变迁过程。对于创新者来说,只有当预期收益大于预期成本时才会进行制度创新。所以,诱致性制度变迁的特点是一种自下而上的、具有营利性的、循序渐进的对制度不均衡做出的自发反应。

新中国成立以来农村合作金融之所以不成功的一个重要原因,就在于由国家理性催生的强制性制度变迁导致的。而在政府主导的强制性制度变迁方式下,由于政府在政治力量的对比及资源配置权上均处于优势地位,它的制度供给能力和意愿支配着具体的制度安排。政府主导的强制性制度变迁所要实现的目标一般有两个:一是经济目标,即通过降低交易费用使社会总产出最大化。二是政治目标,通过形成产权结构的竞争与合作的基本规则使权力中心及由其代表的利益集团的收益最大化,以赢得最大化的政治支持,抑制对其执政地位构成潜在威胁的反对派势力的生长。为此,政府将为不同的利益集团设定不同的产权,低效率的产权结构将不可避免。① 在政府主导的强制型制度变迁方式下,政府的政治目标通常支配着经济目标,即预期政治收益大于政治成本是政府主动实施制度创新的先决条件。② 而政治目标则基本不受效率优先原则的约束,而主要受政治、军事、社会、历史、意识形态等因素的约束。因此,20 世纪 50年代中期以后,我国农村信用合作社丧失了合作金融的性质,成为准国家金融机构,也就是可以理解的了。

第二,互助性金融合作需要信息相对充分的内部环境,如果信息不对称就会出现机会主义倾向,而要保证信息充分,合作金融组织的规模就不能太大,至少一开始规模不能过大。当规模超出了一定范围,信息不对称就会发生。因此,合作金融组织在成长的进程中一开

157

---

① [美]道格拉斯·诺斯,陈郁、罗华平等译:《经济史中的结构与变迁》,上海三联书店、上海人民出版社 1994 年版,第 20 ~ 32 页。

② 杨瑞龙:《论制度供给》,载《经济研究》1993 年第 8 期。

始往往是小规模的,伴随着组织的成熟其规模才可能逐步扩大。因为,如果农村合作金融机构以乡村为边界,由于血缘关系和地缘关系,同一乡村的社区成员往往具有共同的信仰和习惯,这样,由同一乡村农民共同出资组建的合作金融机构,获取借款农户资金用途、还款能力、守信程度等信息的成本远低于其他类型的金融机构。同时,农村是一个熟人社会,从而保证了农户还款的积极性,降低了信用风险。

第三,既然我们认同在不同的制度环境中农民的理性具有异质性。即在完全自给自足的制度下,农民的理性是家庭效用为最高;在完全商品经济的市场制度下,小农行为追求利润最大化,是理性的"经济人"行为;而在半自给自足的制度下,小农既为家庭生产又为社会生产,此时的农民理性行为具有双重性,不同制度变迁的结果使小农的理性行为也发生变化。[1] 而农村合作金融是经济上弱小的农户之间的互助合作,是一些经济上具有共同需求的农户及其他分散弱小的经济主体,自愿联合形成的、共同所有、自我服务、民主管理的金融组织方式。那么,合作金融制度对参与者的经济地位就会有其选择性。理论实证和经验实证都已经证明:合作金融更适合于经济上处于自给自足或半自给自足的主体,而在农村经济高度发达的地区富裕农户并不一定需求通过互助方式解决其资金的短缺问题,或者说互助合作方式提供的资金在数量上也难以满足富裕农户的要求,因此,在农村经济发达的地区在解决农业资金借贷问题,往往选择要么直接采取股份制方式组建金融机构,要么对合作金融机构本身的结构做出适应经济环境变化的调整,这也就解释了为什么国际合作运动在其不断发展的过程中多次调整罗虚戴尔原则的原因。

第四,既然农村合作金融是经济上弱小的农民之间的互助合作,是一些经济上具有共同需求的农户及其他分散弱小的经济主体,为了抗衡经济领域相关环节的垄断,为了在市场经济条件下抵御来自外部的强大压力,从整体上提升自己的竞争能力和地位,而自愿联合

---

① 郑风田:《制度变迁与中国农民经济行为》,中国农业科技出版社 2000 年版,第 18 页。

形成的、共同所有、自我服务、民主管理的金融组织,那么就离不开政府的扶持。政府对信用合作机构采取保护和支持的政策,将合作金融与政策金融有机结合,形成一套完整的农村金融支持体系对于农村合作金融制度的建立和完善是十分重要的。

如果我们从历史的角度考察就会发现,在我国虽然农民之间存在互助合作的需要,也有通过亲邻关系相互协作的实践,但是从未超出这一范围而自发地产生过自觉自愿的联合,从未自发地形成过任何类型正式的经济合作组织以解决单个家庭在生产经营活动中所遇到的困难,或从联合中获得更多的利益。究其原因,就在于,中国是一个小农经济的大国,生产经营的基本单位是家庭,一家一户和小块土地的结合构成了整个农村社会的经济基础。承担传统生产职能的家庭组织及其经营规模虽然弱小,却职能齐全,这就抑制了农户创建各种经济联合体的自然冲动。虽然任何一个家庭都会遇到单家独户无法满足的需要,但是,乡村文化中发展出来的通过亲邻关系网、通过人情交往来加以满足的习俗,使得他们无须冒风险、花代价去建立一个他们并不熟悉的组织。因此,构建农村合作金融体系需要借助政府的力量,发挥政府的引导作用。合作金融组织要实现真正的"自我管理",往往是在合作金融组织发展壮大和成熟之后。在我们推进农村金融体制改革的实践中,必须坚持政府引导,应在改革方案的设计上借鉴其他国家和地区的成功经验,正确地选择"合理引导"和"适时退出"的方式及时机,同时在财政政策上给予合作金融组织大力扶持,对农村合作金融机构实行减免营业税和所得税政策,以促进农村合作金融机构的健康发展。

政府采取多种方式自上而下的扶持和引导,与农民根据合作经济的原则自愿参与并自下而上的控股相结合,是大多数国家和地区组建农村合作金融体系一种普遍做法。国际经验表明,成功的农村金融合作体系中,政府的保护和支持的政策以及政策性金融机构与农村合作金融组织大都是相互配合,甚至融为一体,多数政府还在税收等方面对农村信用合作组织实行减免优惠。可见,良好的制度环境是这些国家和地区农村合作金融制度取得成功的重要因素。由于

159

政府具有双重性,因此,在强调政府作用的同时,还必须警惕政府的过度"扶持",必须把政府对农村信用合作社改革的引导限定在适度的水平,也就是说,必须清楚地界定政府引导的范围和程度。

第五,结合实际,因地制宜地建立符合自身农业发展特征的农村合作金融体系是农村合作金融体系发展壮大的重要原则。不同国家和地区的农村合作金融体系,都是从本国或本地区的实际出发,建立符合自身农业发展特点的农村合作金融组织。美国根据其自身特点建立了由联邦土地银行系统、联邦中期信用银行系统和合作银行系统三大系统组成的农村合作金融体系;法国则从本国农业的实际出发,建立了由地方合作银行、地区合作银行和中央合作银行共同组成的三级法人制农业互助信贷体系;其他国家和地区的农村合作金融体系也都是各不相同的。

160

8.2 多元化安排下的农村合作金融制度评价与改革思路

2003 年 6 月 27 日,国务院出台《深化农村信用社改革试点方案》,按照"明晰产权关系、强化约束机制、增强服务功能、国家适当支持、地方政府负责"的总体要求,开始在浙江、山东、江西、贵州、吉林、重庆、陕西和江苏八个省市率先进行管理体制和产权制度为核心的农村信用社改革试点。与前几次农村信用社改革不同,最新一轮改革不再强调合作制,而是强调要按照企业改革成功的模式来改革农村信用社,并注重农村信用社资本充足率等问题。

在实际中各试点省份采取的模式主要有三种:一是在原有农村信用社框架内的重组模式,即以县为单位统一法人、组建省联社的模式;二是股份制模式,即农村商业银行模式;三是农村合作银行模式。但是,如何深化我国农村信用社体制改革,特别是怎样促进农村信用社法人治理结构的完善和经营机制的转换,使信用社真正成为自主经营、自我约束、自我发展、自担风险的市场主体,以及怎样明确信用社监督管理体制,落实对信用社的风险防范和处置责任等问题,依然是当前理论和实践中面临的重大问题。

8.2.1 农村金融改革中几种主要模式的比较分析

（1）县联社和信用社"统一法人"体制

该体制是在对县（市）联社和乡镇农村信用社及其分支机构进行清产核资的基础上，按照"一县一社、统一标准"的原则，把原来县、乡两级独立法人体制改制成县为统一法人的体制，原有乡镇信用社以分支机构形式存在。

评价统一法人体制，应作制度比较分析。既要与原有的农村信用社县乡两级独立法人体制相比，又要与规范的真正意义上的合作金融组织治理结构相比。

目前已有的统一法人的模式，实际上是一种行政和科层的安排契约：中央银行采取的是行政督导的办法，而县级联社采取的是内部科层结构调整的做法。在这种情况下，地方政府主导下的对作为"准国有"组织的农村信用社的改组，实际上仅是准国有组织内部的改组。这个过程的实现，没有完成对农村信用社准国有金融机构性质的改变。因此，向县统一法人的过渡，是一种次优的选择。因为准国有金融机构与国有金融机构一样，无法克服所有权主体现实缺位、政府干预严重、激励不兼容等困境。同时，统一法人后，农村信用社规模的扩大以及信贷业务本身的高度专业化，使得信用社社员在管理中的作用更加微小，往往会导致社员对农村信用社的管理采取不闻不问的理性态度。而政府的干预和控制更排除了社员行使民主权利的机会。另外，乡镇网点信贷员的贷款权限会受到大幅限制，而决策将出现集中化趋势，如果不加以政策限制，离农民的距离比过去县乡两级法人体制下要远得多，大量分散小农的信贷服务需求将更加难以得到满足。

161

（2）农村股份制商业银行模式

即农村信用社改制为农村商业银行，这一模式优势在于股份制商业银行机制在促进产权明晰、强化约束机制等方面具有无可比拟的优越性，但同样存在一定问题。

首先，出于财务上可持续发展和商业经营利润的考虑，农村信用社原有"三农"方面的业务和机构均面临较大幅度的调整和转型。因为改制成商业银行，可以真正实现自主经营，成为真正的市场主体，所以，较多地区的农村信用社均有改制成农村商业银行的冲动。如果在全国范围内大面积对农村信用社进行股份制改造，在传统农区和经济欠发达地区必将抑制农村金融的发展，作为弱质产业的农业和农村中小型企业，在信贷的效益选择机制面前，金融支持不足现象将更加突出。

其次，改制后的农村商业银行尽管都带着"农"字，但是农村商业银行难以取得商业银行"利润最大化"目标与"支农"义务之间的均衡，对"三农"的服务功能必然屈从于对利润目标的追求。如果监管部门一定要对其是否"支农"严格监管，那么农村商业银行的业务经营机制与农村信用社的经营机制相比，将没有较大的转型，就会出现改制而未"转制"的问题，改革的预期收益实现程度降低。所以，股份制商业银行模式更适合工业化程度较高、对农业信贷要求不多而支农任务相对较轻的经济发达地区。同时，应该注意到，在经济发达地区，农村信用社大多能够实现赢利，若按照合作制操作，更有条件实现以利润返还（按照存款量或贷款量）为基本激励模式的现代合作金融制度。也就是说，在我们目前试点进行商业银行改造的经济发达地区，实际上也是发展真正的合作金融的理想之地。

再次，农村商业银行的改制，无论从政策制定、模式选择，还是从具体操作的监管来看，政府始终处于主导地位。尽管这种政府主导型的制度变迁能通过政府的强制力以最短的时间和最快的速度推进，但由于其存在着非完全市场化的选择性，改制未必能达到预期效果。

又次，规范的股份制具有明晰产权功能，可以有效解决农村信用社所有者缺位问题。创造的利润由股东按出资比例分享，出了风险由股东根据入股数量多少承担有限责任。但是，地方政府参股甚至执掌最大股份，就难以摆脱政府对日常信贷业务的干预。此外，股份制改造后，实行"一股一票制"，股东的决策权大小取决于出资额占总股本的比例，如果在法人大股东（包括地方政府）和农村商业银行之间不设置严格的监管防火墙,监管不严,容易造成大股东"内部人控制"问题。

最后,改制并没有解决农村信用社经营过程中存在的多元目标的冲突问题。中央要支农,地方要发展,监管部门要防范风险,农村信用社自身要生存。这些目标在实现过程中难以保持一致,容易造成农村信用社经营思维混乱和经营中的机会主义意识。在这种多重目标的冲突中,地方政府常常通过行政干预获得地方利益,同时向农村信用社转移成本,然后是农村信用社通过问题暴露把成本汇总,形成不良资产和经营亏损。虽然,新的改革方案把管理权限交给了地方政府,但是,一旦风险积聚过大,地方政府难以应付时,仍有可能把这个风险包袱转移给中央政府。中央政府希望改制后的农村商业银行能够更好地承担起支农义务,加大支农力度(尽管在经济发达的农村地区,经济结构中农业所占的比重在不断下降,但各种制度和条件造成的农业弱势特征决定了它在一定时期内仍得要政府的政策支持)地方政府更注重改制后的农村商业银行对其局部利益和地方政府贡献是否增加,而农村信用社改制后作为一个企业主体,以赢利为经营目标是其最优选择。不同主体之间改制目标的差异性,容易导致在组建农村商业银行的过程中,难以做到上下完全统一,从而增加了改制成本。

163

(3)农村合作银行模式

在新一轮农村金融改革中,有的试点省份采取了把农村信用社改组成为农村合作银行,在改制过程中,采取在自愿的基础上,以定向和定量方式向辖内自然人、企业法人和其他经济组织募集股本;以资格股为前提,增加投资股以满足不同层次参与者需求;以股东代表大会作为其权力机构,股东代表在行使权力时,一人一票,体现合作制的基本原则。

其实这种模式的实质是股份合作制,把合作制的互助与股份制的现代企业制度结合起来。一是通过设置资格股和投资股,扩大了股本来源范围,有利于扩大资本实力。二是可以顾及农户、农村个体及私营企业等社会弱势群体的利益,充分体现大多数入股金额少的小股东意志,从而在股权结构、治理架构上确保了改制后的农村信用社不偏离服务"三农"的方向,能够达到支持农村经济发展的目标。三是避免了农村商业银行产权体制设计方面可能出现的追求利润最大化而对弱势产业——农业发展带来的负面影响。可以说,股份合作制能够实现追求一定赢利和为社员服务并举,对我国的一些农村地区而言是一种可行的金融制度安排。但值得注意的是:

第一,实行股份合作制后,由于自然人股东众多,股权分散,他们对农村信用社的所有权难以体现,容易产生参与监督的成本归自己而监督产生的收益却归所有股东的问题,所以小股东可能对参与民主管理表示"理性无知",采取"搭便车"行为。

第二,股份合作制的内在稳定性是有限的,它有着朝着股份制或者合作制两头演化的惯性。尤其是业务量增多,要求银行增股扩股从而扩大银行规模时,合作制往往容易让位于股份制,也就是合作制成分减少,股份制成分增大。这一点在美国和德国较早就发生了,其中美国走得更远。因此,需要客观对待股份合作制安排的制度优势和弱点。

第三,农村合作银行产权体制设计,避免了可能出现的追求利润最大化而对弱势产业——农业发展带来的负面影响,有利于农村信用社不断扩大规模以适应农村的金融需求和经济发展的需要,可以部分地满足政府的支农要求。根据责权利相对称的原则,政府应该对这类机构提供相应的补偿,因为它部分代替政府承担了提供某种公共产品的作用(即服务"三农")。

第四,难以有效解决民主管理不易落实的问题。"一人一票制"是合作制的精髓,股份合作制的制度设计运作的逻辑结果,并不鼓励持大股,持大股者与小股持有者同权。但是,在实际运作过程中,大股东说了算的现象可能现实地存在,自然人股东(多是农民)行使民主管理权利的效果也是有待商榷。①

164

———————

① 何广文、冯兴元、李莉莉:《论农村信用社制度创新模式与路径选择》,载《中国农村信用合作》2003 年第 8 期。

（4）新型农村资金互助合作组织

这种模式的成功运作取决于合作组织的资信水平以及外部金融机构的放贷意愿。如果合作组织没有好的项目,没有一定的规模和信用水平,不具备法人资格,是很难从外部金融机构获得贷款的。在金融机构看来,这种新的小型农民资金互助合作组织无异于一般借款企业,因此,对其的贷款条件自然会提出较高的要求,简言之这要求弱者通过联合真正实现强大;另一方面,根据我国目前的实际情况,农民合作组织取得借款最方便、距离最近的外部金融机构是农村信用社,而由于农村信用社正在走向股份化和城市化,离"三农"越来越远,其贷款需求的满足并没有预期的便利和易得。这种趋势有深层次的体制原因,不是哪个农民合作组织能够掌控的,这也为这种模式的运作增加了不确定性。

当前农村资金互助合作组织面临的最大问题是资金短缺,这一问题在直接信贷合作模式的金融组织上体现得更为突出。《农村资金互助社管理暂行规定》第四十一条指出:农村资金互助社主要以吸收社员存款、接受社会捐赠和向其他银行机构借款作为资金来源。在这三个来源中,由于受农村经济发展及农民人均收入水平较低等条件限制,社员本身是需求资金的群体,没有多少存款。互助社社员以需求贷款为主,贷款需求远远大于存款供给;社会捐赠是偶发性的,不能作为融资的主要来源。因此,从其他银行业金融机构融入资金成为唯一现实的选择。由于资金短缺,很多这类的小型农村资金互助组织正处于无钱可贷的尴尬处境。与此同时,商业银行在退出农村的贷款市场的过程中,并没有退出农村的存款市场,目前各类商业银行吸收了17%的农村富裕农户的存款。[①] 目前农村资金互助组织执行的存款利率与其他商业银行并无差异,这与实际上有国家信用作保证的金融机构比较,没有体现资金互助组织靠法人财产保证清算的风险溢价,因此不会有大额存款存入。而从风险角度考虑,其

---

① 数据来源于汇丰清华合作研究的《中国农村金融发展研究 2007 年度调查报告》。

他金融机构对农村小型资金互助组织的拆借进行了一定的限制,加剧了其融资困难。商业银行、政策性银行一类的金融机构常以没有总行和有关监管部门的具体融资规定为由拒绝向农村小型资金互助组织放款。正因为没有向其他金融机构融资的渠道,存款流动性风险压力较大。

任何一个组织的发展都不是任意的、盲目的,而应该在一定的规则中运作,既需要有法律对其进行定位和规范,也需要政府进行必要的扶持和保障,合作金融组织更是如此。新型农村小型合作金融组织尚处于新生阶段,虽然中央文件多次明确要求引导农户发展资金互助组织,但是长期缺乏一部完整的关于农村合作金融组织的法律法规。农村合作金融组织是个什么组织,能走多远,政府应当提供哪些扶持政策,风险如何规避,社员利益如何保护,谁能对它的经营进行监管等等问题都是空白。对于新的小型农村互助合作金融组织这样一个新生事物,没有合法的"身份证"加剧了农户对它的疑虑,也阻碍了与其他经济主体的正常往来。没有合法身份,合作金融组织的相关业务得不到国家政策和法律的保护,一旦发生债权债务纠纷,农村小型资金互助合作组织无法维护自己的权益,政策稍一"从紧",就有可能成了"非法"金融机构。这些对于农村合作金融组织的可持续发展极为不利。

166

虽然银监会降低了农村金融机构的准入"门槛",但对我国农村当前存在的绝大多数农民资金互助组织来说依然"门槛"很高,银监会是比照商业银行的监管思想在要求资金互助社,比如五级分类、资本充足率等指标要求等,基本等同于工、农、中、建这样的大型商业银行,达不到《农村资金互助社管理暂行规定》的要求,它们仍将长期"非法生存"。此外,当前农村小型资金互助组织自身也还存在一定的问题,具体包括:

——自身定位不准确

国家发展农村资金互助组织是为了满足农村中低收入群体的金融服务需求,不是以营利为目的,借款投向主要是社员。但从现在一些地方出现的苗头看,资金互助组织难挡利益诱惑,逐渐偏离了服务

"三农"的方向,而将目光放在贷款金额比较大的小企业主身上,意欲做"全能银行",某种程度上偏离了设立农村资金互助组织时确立的"互助合作"的初衷,不利于自身的可持续发展。

——现有管理人员素质较低,难以适应合作金融可持续发展需要

根据《农村资金互助社管理暂行规定》第三十七条,农村资金互助社理事、经理任职资格需经属地银行业监督管理机构核准,农村资金互助社理事长、经理应具备高中或中专及以上学历,上岗前应通过相应的资格考试。但实际中,由于绝大部分人没有任职资格,金融基础知识水平差,缺乏足够的专业知识,对相关业务不很熟悉,可能出现操作风险,给农村资金互助合作组织未来的可持续发展造成潜在的隐患。

这里说的风险不是操作风险或金融风险,而是指由于农业本身的弱质性所带来的风险。因为许多新型农村资金互助合作金融组织的经营都非常谨慎,有的为强化风险防范,制定的防范措施甚至比商业银行还严格。如按照巴塞尔协议,资本充足率需达到8%,也就是一块钱股本金最多可以贷12.5元,而一些资金互助合社的最大借款比例是1∶6,远低于风险控制线。农村资金互助社只靠吃点存贷差生存是很困难的,必须与农民专业合作社对接走复合式发展道路。而农民合作组织经营的大多是种植、养殖等农业项目,农业天然弱质性决定了农业的高风险特征,不仅有来自发达国家农业的竞争,更有自然灾害风险。长期以来,农业这个弱质产业的风险主要由农户自己承担,因此一旦遇到市场风险,以农户为社员的资金互助社就会面临大面积拖欠贷款的可能,自救能力比较弱。这种由大环境决定的风险单靠农村合作金融组织自身是很难克服的。

8.2.2 对近年来农村金融改革的总体评价

第一,农村信用社改革试点的多元化模式符合我国农村实际。应当肯定地说,新一轮改革坚持多元化目标无疑是正确的。这一改革兼顾了我国各地经济发展极不平衡,不同地区的中小经济实体的

市场生存竞争能力差别大,对金融机构的服务需求也不相同的实际。由于地区经济发展差异的存在,各地农村信用社发展也呈现不均衡状态。因此,不论是从功能角度出发,还是从需要角度出发,中国农村信用社制度创新均需要多样化,可以是合作制、股份制,或是股份合作制,也可以同时并存。各种各样的试点是必要的,有利于全面推进各地农村信用社的改革。

第二,真正的信用合作组织尤其适用于促进村落小农经济的发展。诚如前文所述,真正的信用合作组织是自下而上建立的,其扎根于乡、村,乡、村是其立足和存续之本。其业务主要集中在村庄社员之间的资金融通,而对外部非社员的资金融通则是辅助性的,有限制性规定的。社员之间的信任和信息对称是其开展资金融通的基础,中国农村信用社村级信用站制度的良性运转,也证明了这一点。正因为如此,一些学者认为,信用合作社的有效边界就是村落的边界。突破了村落的地线和血缘边界,信息不对称就会产生,借贷风险也会大幅增加。而这种真正的信用合作社,无论是通过新建还是改建产生,都离不开自下而上的构建原则。只要政府真正允许现有的农村信用社根据这类原则改造为真正的基于村落的信用合作社,并配之以切实可行的、规范的监管手段,真正的农村信用社在中国的广大农村大有发展前途。

8.2.3 农村信用社治理结构改革的路径选择

从上述结构视角和功能视角的分析可以看出,农村信用社治理结构改革的试点模式选择本身还存在局限性,还需要探索。深化农村信用社改革的指导思想"明晰产权关系、强化约束机制、增强服务功能、国家适当支持、地方政府负责",无疑将会为我国农村信用社改革开创新的局面。但是,在农村信用社治理结构改革的路径选择方面,至少还需要考虑下述政策选择:

首先,在扩大试点中,应该区分地区差异,把完善合作制试点提升到与股份合作制和股份制试点同等程度的高度。在经济落后地区不能以股份制、股份合作制代替合作制。在这里,涉及有关信用社的范围与规模的讨论问题,即信用合作社到底是立足于村、还是乡为基础而建立的问题。通过农户金融合作行为研究的结果表明,农村信用社应立足村落,即农村的最基层,而不是整齐划一地把整个结构简单上收为县联社统一法人。同时还应建立自下而上、自成体系的合作金融体系。建立自下而上、自成体系的合作金融组织体系,是合作金融长期健康发展的组织保证。合作金融自身的特点决定了必须建立一个有效的组织管理体系,否则就难以生存和发展。应当尽快理顺、完善我国信用合作管理体制,加快信用合作系统多层次联合的步伐,着力解决信用社系统资金融通和资金结算。合作金融体系的优势在于合作金融组织既相互独立自主经营,又自下而上持股,通过多层次合作,形成整体优势。国际合作金融发展的经验表明,合作金融组织都是从"低级"的信用社逐步发展到"中高级"的合作银行,在机构的规模与层次上有一个"跃迁"过程。应从中国合作金融发展的实际出发,加快农村信用合作系统多层次联合的步伐。

其次,要鼓励农民建立真正意义上的信用合作组织。这里似乎存在市场容量问题,但是,潜在的市场容量和业务拓展边界实际非常巨大,农村非正式金融的兴盛就说明正式金融机构当前的服务远远满足不了农村的金融服务需求。真正意义上的信用合作组织,有利于在农村金融市场上竞争局面的形成,带来农村金融市场中农民需要的储蓄和信贷服务效率的提高。

再次,从历史经验看,政府直接干预和参与农村信用社和银行,都是不良贷款产生的重大根源。地方政府如果不退出这些金融机构,很容易把它们当做自己的取款机,即便地方政府有着税费来源作为政府信用的保证。无论是新建真正意义的农村信用合作组织,还是改制后的农村信用社或银行,应该对政府股份或者政府通过其控股公司所掌握股份的退出限定时间,确立程序。从德国经验看,只有地方政府控股(持有大股份)的银行(如德国的储蓄银行)才由地方政府和中央银行的信贷监管部门共同实施双重监管。我国农村信用社改制之后,只要是地方政府没有控股,仍应由新成立的银监会根据银行的财务指标、贷款风险指标和巴塞尔协定的标准等来监管,地方

169

政府仅应对其所实际拥有的股份责任负责。

最后,把农村信用社改造成农村商业银行,银监会和中央银行就应按照《商业银行法》对其实施监管,而改制成为农村股份合作制银行和完善合作制的农村信用社我国缺乏明确的法律规范。法律的空白已经给农村信用社的发展带来了许多问题。过去合作制流于形式,很大程度上并不是合作制自身的原因,而是在于缺乏完善的法律制度和监管机制。市场经济是法制经济。要规范合作金融事业,必须要有完备的合作金融法律法规,如果没有权威的"法律"作为依据,而只是以国家的有关"决定"、"意见"或"规定"进行对农村金融组织进行规范,就难免会造成随意性与盲目性。因此,应该尽快制定出台《合作金融法》或者是《农村合作金融组织法》,既保障合作金融机构的权益,也使得监管当局的监管有法可依。

170

8.3 农村合作金融改革的国际经验借鉴

从国际经验来看,凡是农村合作金融取得良好制度绩效的国家或地区,其经验主要包括以下几个方面:

第一,产权关系清晰、治理结构完善、服务方向明确。各国或地区成功的农村合作金融组织均具有明晰的产权关系、完善的法人治理结构和明确的服务方向。不论是作为发达国家的美国、法国、德国和日本,还是作为发展中国家和地区的印度和我国台湾地区,其农村合作金融组织都具有产权关系明晰、法人治理结构完善、服务对象明确的特点。大多数国家和地区几乎无一例外地把"为社员所有、为社员服务"确定为建立农村合作金融组织的基本原则。

第二,结合实际,因地制宜地建立符合自身农业发展特征的农村合作金融体系。从本节所介绍的情况可以看出,不同国家和地区的农村合作金融体系,都是从本国或本地区的实际出发,建立符合自身农业发展特点的农村合作金融组织。美国根据其自身特点建立了由联邦土地银行系统、联邦中期信用银行系统和合作银行系统三大系统组成的农村合作金融体系;法国则从本国农业的实际出发,建立了由地方合作银行、地区合作银行和中央合作银行共同组成的三级法人制农业互助信贷体系；其他国家和地区的农村合作金融体系也都是各不相同的。

第三，农民根据合作经济的原则自愿参与并自下而上的控股，与政府采取多种方式自上而下的扶持和引导相结合，是大多数国家和地区组建农村合作金融体系一种普遍做法。发达国家农村合作金融体系的建立过程中，政府的引导起了十分重要的作用，但是各国和地区政府在引导建立农村合作金融体系的具体做法上又各不相同。如美国采取政府出资发起成立，引导农民自愿参与认购股份，然后逐步退出的"官办民营化"式引导方式；而法国和日本则更多地依靠政策性金融引导农民参与合作金融组织。而在合作金融体系的结构上，不论是美国的多元复合模式和法国的半官半民的"两节鞭"模式，还是德国的"单元金字塔"模式和日本的"二、三、三"模式都采取了自下而上持股的多级法人制组建合作金融体系。

171

第四，坚持合作性质，但不拘泥于合作制。各国和地区的农村合作金融组织在发展的过程中，伴随着客观经济环境的变化都做出了一定的调整。为了适应经营环境的变化，目前上述国家和地区的农村合作金融组织在管理上仍然坚持民主管理的基本原则，实行一人一票制，但已经出现向专业化和集中化方向转变的趋势；经营原则也开始从非营利性原则转向坚持对内注重服务、对外注重赢利的原则；自愿退股退社的原则趋于被实行按股分红，股金不得抽资退股的原则所替代。此外，合作金融机构在经营业务范围上与一般商业银行没有太大区别。

第五，完善的监管体系和普遍建立的行业自律协会组织。各国和地区在建立农村合作金融体系的同时，也十分重视建立与之相配套的农村合作金融监管体系，其中尤以美国的监管体系为典型代表，即采取专设有别于商业银行的管理模式农业信用合作管理体系。同时，在各国和地区成功农村金融合作体系中，行业协会在行业自律、向会员提供信息服务、协调和沟通合作金融组织与政府各部门的关系、帮助合作金融组织搞好宣传和处理好公共关系中发挥着重要的作用。

第六,政府对信用合作机构采取保护和支持的政策,合作金融与政策金融有机结合,形成完整的农村金融支持体系。大多数国家和地区成功农村金融合作体系中,政府的保护和支持的政策以及政策性金融机构与农村合作金融组织大都是相互配合,甚至融为一体。此外,多数政府在税收等方面对农村信用合作组织实行减免优惠。

第七,信用合作法规比较健全。在金融立法方面,不论是发达国家还是发展中国家和地区都有着完备的合作金融法律体系,为农村合作金融的发展提供了良好的法律环境。

第八,健全的农村信用保险制度是农村合作金融组织稳定、健康发展的重要条件。许多国家和地区为了促进农村信用合作体系的健康发展,往往专门成立为农村信用合作体系服务的保险体系,从制度上为农村合作金融组织的稳健运行提供了安全保证。①

---

① 陈希敏:《农村合作金融组织——其他国家和地区的经验和我们的借鉴》,成思危主编:《改革与发展:推进中国的农村金融》,经济科学出版社 2005 年版,第 274 ~ 276 页。

9. 结论及有待进一步研究的问题

本书在回顾和总结前人研究的基础上,运用现代经济学的分析框架,从历史角度对不同时期的农村合作金融制度演变进行研究,从中发现这一制度运行的内在规律,以及适宜农村合作金融制度生存所需的经济环境和制度环境。研究得出如下结论:

第一,尽管目前新制度经济学的制度分析方法在很多方面尚不成熟,需要与新古典经济学进一步融合,其自身也需要进一步充实和完善,但是,采用新制度经济学的制度分析方法分析我国农村合作金融制度的变迁还是完全适用的。同时,通过运用这一分析工具研究我国农村合作金融制度变迁又可以反过来印证这一分析工具的适用性。

173

第二,研究中国农村合作金融制度的变迁需要从历史的角度出发,综合考察中国农村合作金融制度的变迁。只有舍弃政府政治体制的差异,以政府理性作为统一假设前提,把不同历史时期的农村合作金融制度纳入统一的分析框架中,追溯中国农村合作金融制度的变迁,分析农户金融合作行为,才能从中发现这一制度运行的内在规律,进而通过比较分析,寻求适宜农村合作金融制度生存所需的经济环境和制度环境。本书研究认为中国农村合作金融制度变迁具有自身的规律性。

第三,国家理性假定对于分析农村合作金融制度变迁具有重要意义。任何时代的政府都具有自己的偏好效用函数,在面对金融制度变迁与界定有效率的金融产权形式时,国家只会在其租金达到最大化的范围内才会主动加以推行。因此,在合作金融制度变迁过程中,使国家拥有一个什么样的收益成本结构十分重要。当合作金融制度所带来的收益远大于国家推行这一制度所带来的成本时,合作金融制度的创新才可能得到国家的鼓励和支持。

第四,在经济相对落后的中国农村,农户存在着的合作金融制度的现实需求。中国历次农村合作金融运动都是由于农户为谋求在当时金融制度下得不到的利益而产生制度变迁的需求所引发的。追求利益最大化的农户力图在给定的约束条件下,谋求确立预期对自己最为有利的制度安排和权利界定。因为,农户发现创立和利用新的制度安排所得到的净收益为正,自然就会产生制度变迁的需求。而农户的这种潜在的制度需求,需要与之相适应的意识形态等非正式制度作为条件。

第五,农村合作金融制度的发展应当是一个自下而上的渐进过程,是一个诱致性制度变迁过程。诱致性制度变迁的主体是个人或群体,在拥有获利机会时自发倡导、组织或施行。它的发生必须有某些来自制度不均衡的获利机会,在制度均衡—不均衡—均衡的循环往复中,完成制度变迁过程。只有当预期收益大于预期成本时才会进行制度创新。所以,诱致性制度变迁的特点是一种自下而上的、具有营利性的、循序渐进的对制度不均衡做出的自发反应。

174

第六,只要是政府建立的农村金融体系都存在着重大制度缺陷。历史地考察中国农村合作金融制度变迁过程我们发现,充满活力的中国农村合作金融组织一开始都是自发形成的,而后由于政府的强制介入使之偏离了合作金融的轨道。这说明强制性制度变迁的结果只会导致农村合作金融组织背离合作金融的性质,远离农民和农户的制度需求,使本应具有活力的合作金融组织丧失其应有的功能。

第七,只有村级以下的社区性合作金融才更具有生命力。合作金融制度存在着其自身的优势和劣势,农村互助性金融合作需要信息相对充分的内部环境,如果信息不对称就会出现机会主义倾向,而要保证信息充分,合作金融组织的规模就不能太大,至少一开始规模不能过大。当规模超出了一定范围,信息不对称就会发生。因为,如果农村合作金融机构以乡村为边界,由于血缘关系和地缘关系,同一乡村的社区成员往往具有共同的信仰和习惯,由同一乡村农民共同出资组建的合作金融机构,获取借款农户资金用途、还款能力、守信程度等信息的成本远低于其他类型的金融机构。同时,农村是一个熟人社会,从而保证了农户还款的积极性,降低了信用风险。合作金融组织在成长的进程中一开始往往是小规模的,伴随着组织的成熟其规模才可能逐步扩大。合作金融组织都是从"低级"的信用社逐步发展到"中高级"的合作银行,在机构的规模与层次上有一个"跃迁"过程。

第八,本书通过理论实证和经验实证证明:合作金融制度对参与者的经济地位具有选择性。合作金融更适合于经济上处于自给自足或半自给自足的主体。而在农村经济比较发达的地区富裕农户并不一定需求通过互助方式解决其资金的短缺问题,或者说互助合作方式提供的资金在数量上也难以满足富裕农户的要求,因此,在农村经济发达的地区在解决农业资金借贷问题,往往选择直接采取股份制方式组建金融机构。

175

第九,构建农村合作金融体系需要借助政府的力量,发挥政府的引导作用。合作金融组织要实现真正的"自我管理",往往是在合作金融组织发展壮大和成熟之后。推进农村金融体制改革,必须坚持政府引导。但是,由于政府具有双重性,因此,在强调政府作用的同时,还必须警惕政府的过度"扶持",必须把政府对农村信用合作社改革的引导限定在适度的水平,必须清楚地界定了政府引导的范围和程度。同时在财政政策上给予合作金融组织大力扶持,对农村合作金融机构实行减免营业税和所得税政策,以促进农村合作金融机构的健康发展。

本书运用现代经济学的分析工具对我国农村合作金融制度变迁只是初步的,还需要对理论模型作进一步的完善,在研究中实际抽象掉了农村合作金融组织的异质性,以及合作金融组织管理、合作金融监管等内容,因此,进一步的研究需要进一步放宽假设,做更加具体的研究,同时还需要进一步收集资料,做更加广泛的调查研究。

主要参考文献

一、外文参考文献

1. Byrd, William (1991), *The Market Mechanism and Economic Reforms in China*, New York: M. E. Sharpe.

2. Aoki, Masahiko (1988), *Information, Incentives and Bargaining in the Japanese Economy*, Cambridge: Cambridge University Press.

176　　3. John McMillan and Woodruff (2000), Private Order under Dysfunctional Public Order, Stanford Law School, John M. Olin Program in Law and Economics, Working Paper No. 189, February.

4. Greif, Avner (1993), "Contract Enforceability and Economic Institutions in Early Traders: The Maghribi Traders' Coalition", *The American Economic Review*, June, 1993.

5. Streeck, W. and Schmitter, Philippe C. (1985), "Community, Market, State—and Associations? The Prospective Contribution of Interest Governance to Social Order", in Streeck, W. and Schmitter, Philippe C. (eds.) (1985), *Private Interest Government: Beyond Market and State*, Sage Publications Ltd..

6. Hollingsworth, J. R., Schmitter, Philippe C. and Streeck, W. (eds.) (1994), *Governing Capitalist Economies: Performance and Control of Economic Sectors*, Oxford University Press.

7. Ouchi, W. G. (1984), *The M-Form Society*, Addison Wesley Publishing Co..

8. Aoki, Masahiko (1988), *Information, Incentives and Bargaining in the Japanese Economy*, Cambridge : Cambridge University Press.

9. North, D. , & R. P. Thomas (1973) , *The Rise of Western World : A New Economic History*, Cambridge : Cambridge University Press.

10. North, D. (1993) , Toward a Theory of Institutional Change, in W. Barnett et al (eds.) , *Political Economy, Competition and Representation*, Cambridge : Cambridge University Press.

11. North, D. (1981) , *Structure and Change in Economic History*, New York : Norton.

12. North, D. (1990) , *Institutions, Institutional Change and Economic Performance*, Cambridge : Cambridge University Press.

13. Calver, Randall L. (1995) , "Rational Actor, Equilibrium, and Social Institutions", in Jack Knight and Itai Sened (eds.) , *Explaining Social Institutions*, Ann Arbor : University Press.

14. Miller, Gary J. (1992) , *Managerial Dilemmas : The Political Economy of Hierarchy*, New York : Cambridge University Press.

15. Levitt. (1973) , *The Third Sector : New Tactics for a Responsive Society*, New York : AMACOM.

16. Schelling Thomas C. (1960) , *The Strategy of Conflict*, Cambridge, MA : Harvard University Press.

17. Furubotn G. Eirik and Rudolf Richter (2000) , *Institutions and Economic Theory, The Contribution of the New Institutional Economics*, The University of Michigan Press.

18. Alchian, A. and Demsetz, H. (1972) , "Production, Information Costs, and Economic Organization", *American Economic Review*, 62.

19. Bai, Chong-En, David D. Li, and Yingyi Qian, Yijiang Wang (1999) , "Anonymous Banking and Financial Repression : How Does China's Reform Limit the Government's Predation without Reducing Its Revenue?", *Mimeo*, Stanford University.

20. Furubotn, Eirik G. and Rudolf Richter (1997) , *Institutions and Economic Theory : The Contribution of the New Institutional Economics*,

Ann Arbor, MI: University of Michigan Press.

21. Ulrike, Schaede, *Cooperative Capitalism*, Oxford University Press.

22. Byrd, William (1991), *The Market Mechanism and Economic Reforms in China*, New York: M. E. Sharpe.

23. Mark Lyons (2001), *The Contribution of Nonprofit and Cooperative Enterprises in Australia*, Third Sector.

24. Crafts, N. (1997), "Endogenous Growth: Lessons for and from Economic History", D. Kreps and K. Wallis (eds.), *Advances in Economics and Econometrics: Theory and Applications*, Vol. II, Cambridge, Cambridge University Press.

25. Dewatripont, Mathias and G and Roland (1996), "Transition as a Process of Large Scale Institutional Change", in David Kreps and Kenneth Wallis (eds.), *Advances in Economics and Econometrics: Theory and Applications*, Cambridge: Cambridge University Press.

26. Judith R. Saidel (1998), "Expanding the Governance Construct: Functions and Contributions of Nonprofit Advisory Groups", *Nonprofit and Volunary Sector Quarterly*, Vol. 27, No. 4.

27. Hayek, F. (1944), *The Road to Serfdom*, Chicago: University of Chicago Press.

28. Hayek, F. (1960), *The Constitution of Liberty*, Chicago: University of Chicago Press.

29. Hayek, F. (1988), *The Fatal Conceit: The Errors of Socialism*, Chicago: University of Chicago Press.

30. Jian, Tianlun, Jeffrey Sachs and Andrew Warner (1996), "Trends in Regional Inequality in China", *China Economic Review*, Vol. 7, No. 1, Spring.

31. Jin, Hehui; and Yingyi Qian (1998), Public vs. Private Ownership of Firms: Evidence from Rural China", *Quarterly Journal of Economicsx*, August, 113 (3).

32. Lau, L. and Song, D-H. (1992), "Growth versus Privatization: An Alternative Strategy to Reduce the Public Enterprise Sector: The Experience Taiwan and South Korea", *Working Paper*, Department of Economics, Stanford University.

33. Coase, R. (1991), "The Nature of the Firm: Origin, Meaning Influence", in O. Williamson and S. Winter (eds.), *The Nature of the Firm*, New York: Oxford University Press.

34. Andrew A. Procassini, *Competitors in Alliance*, Quorum Books.

35. Li, David (1994), "The Behavior of Chinese State Enterprises under the Dual Influence of the Government and the Market", University of Michigan, Manuscript.

36. McMillan, John(1996), "Markets in Transition", in David Kreps and Kenneth Wallis (eds.), *Advances in Economics and Econometrics: Theory and Applications*, Cambridge: Cambridge University Press.

37. Pfeffer J, and Salancik, G. R. , *The External Control of Organizations: A Resource Dependence Perspective*, New York: Harper and Row, 1978.

38. Pikard Larsson (1993), The Handshake between Invisible and Visible Hands, in *Studies of Mgt. & Org.* , Vol. 23, No. 1.

39. Dennis Maillat et al(1993), "Innovation Networks and Territorial Dynamics: A Tentative Typology", Borje Johansson et al. (eds.), *Patterns of a Network Economy*, Springer—Verlag.

40. Mokyr, Joel (1993), "The New Economic History and the Industrial Revolution", In Mokyr, J. (eds.), *The British Industrial Revolution: An Economic Perspective*, Boulder and Oxford: West View Press.

41. Naughton, Barry(1994a), "Chinese Institutional Innovation and Privatization from Below", *American Economic Review*, Vol. 84, Vol. 2, May.

42. Naughton, Barry(1994b), "What is Distinctive about China's Economic Transition? State Enterprise Reform and Overall System Trans-

formation", *Journal of Comparative Economics*, Vol. 18, No. 3, June.

43. John Mcmillan and Christopher Woodruff (2000), "Private Order under Dysfunctional Public Order", Stanford Law School, John M. Olin Program in Law and Economics, Woking Paper No. 189, February 2000.

44. Nee, V. and Sijin, S. (1993), "Local Corporatism and Informal Privatization in China's Market Transition", Working Paper on Transitions from State Socialism No. 93 ~ 2 Einaudi Center for International Studies, Cornell.

45. Nee, Victor (1996), "Changing Mechanisms of Stratification in China", *American Journal of Sociology*, Vol. 101, No. 4, January.

46. Nolan, Peter (1993), *State and Market in the Chinese Economy*: *Essays on Controversial Issues*, MacMillan, London.

47. Ulrike, Schaede, *Cooperative Capitalism*, Oxford University Press.

48. Oi, J. (1986), "Commercializing China's Rural Cadres", *Problems of Communism*, 35.

49. Oi, Jean (1995), "The Role of the Local Government in China's Transitional Economy", *China Quarterly*, 144.

50. Oi, Jean (1992), "Fiscal Reform and the Economic Foundations of Local State Corporatism in China", *World Politics*, October, 45 (1).

51. Olson, Mancur (1982), *The Rise and Decline of Nations*: *Economic Growth, Stagflation, and Social Rigidities*, New Haven, Yale University Press.

52. Greif, Avner, Paul Milgrom, and Barry R. Weingast (1994), Coordination, "Commitment, and Enforcement: The Case of Merchant Guild", *Journal of Political Economy*, 1994, Vol. 102, No. 4.

53. J. R. Hollingsworth and R. Boyer (1997), Coordination of Economic Actors and Social Systems of Production, in *Contemporary Capitalism—The Embeddedness of Institutions*, edited by. J. R Hollingsworth

and R. Boyer, Cambridge University Press.

54. Hollingsworth, J. R. and Lindberg, Leon (1985), "The Role of Market, Clan, Hierarchies, and Associative Behavior", In Streeck, W. and Schmitter, Philippe C. (eds.) (1985), *Private Interest Government : Beyond Market and State*, Sage Publications Ltd. .

55. Perkins, D. (1988), "Reforming China's Economic System", *Journal of Economic Literature*, Vol. 1151.

56. Perkins, D. (eds.) (1977), *Rural Small-Scale Industry in China*, Berkeley, University of California Press.

57. Yang, X. and Ng, Y-K. (1993), *Specialization and Economic Organization, a New Classical Microeconomic Framework*, Amsterdam, North-Holland.

58. A. Smith (1776), *An Inquiry into the Nature and Causes of the Weath of Nations*, Reprint, edited by E. Cannan, Chicago: University of Chicago Press, 1976.

59. Qian, Y. (1994b), "A Theory of Shortage in Socialist Economies Based on the 'Soft Budget Constraint'", *American Economic Review*, 84.

60. Alchian A. A. and Demsetz (1972), "Production, Information Costs, and Economic Organization", *The American Economic Review*, 1972.

61. Aldrich H. (1999), *Organization Evolveing*, Sage Publications, 1999.

62. Barzel, Y. (1982), "Measurement Cost and the Organization of Markets", *Journal of Law and Economics*.

二、外文翻译类

1. [美]西奥多·W. 舒尔茨:《改造传统农业》,商务印书馆 1987 年版。

2. [日]青木昌彦、奥野正宽、冈崎哲二:《市场的作用——国家的作用》,中国发展出版社 2002 年版。

3.［美］Y. 巴泽尔:《产权的经济学分析》,上海人民出版社、上海三联书店 1997 年版。

4.［美］科斯、诺斯、威廉姆森等:《制度、契约与组织——从新制度经济学角度的透视》,经济科学出版社 2003 年版。

5.［法］卢梭:《社会契约论》,商务印书馆 1980 年版。

6.［美］J. K. 费正清、E. 赖肖尔:《中国:传统与变革》,江苏人民出版社 1995 年版。

7.［英］傅立叶:《傅立叶选集》第一卷,商务印书馆 1997 年版。

8.［美］文森特·奥斯特罗姆:《隐蔽的帝国主义、掠夺性的国家与自治,制度分析与发展反思——问题与抉择》,商务印书馆 1992 年版。

182

9.［美］青木昌彦:《沿着均衡点演进的制度变迁》,克劳德·梅纳尔编:《制度、契约与组织》,经济科学出版社 2003 年版。

10.［美］道格拉斯·诺斯:《新制度经济学前沿》,经济科学出版社 2003 年版。

11.［美］L. E. 戴维斯、D. C. 诺思:《制度变迁的理论:概念与原因,财产权利与制度变迁》,上海人民出版社 1994 年版。

12.［澳］杨小凯、黄有光:《专业化与经济组织——一种新型古典微观经济学框架》,经济科学出版社 1999 年版。

13.［日］青木昌彦:《比较制度分析》,上海远东出版社 2001 年版。

14.［美］里贾纳·E. 赫兹琳杰等:《非营利组织管理》,中国人民大学出版社 2000 年版。

15.《马克思恩格斯选集》第一卷,人民出版社 1995 年版。

16.《马克思恩格斯全集》第三卷,人民出版社 1995 年版。

17.［美］克拉克森:《产业组织:理论、证据和公共政策》,上海三联书店 1989 年版。

18.［德］马克斯·韦伯:《经济与社会(上)》,商务印书馆 1997 年版。

19. [德]马克斯．韦伯:《交往与社会进化》,重庆出版社 1989 年版。

20. [美]加里·S. 贝克尔:《人类经济行为分析》,上海三联书店 1993 年版。

21. [澳]杨小凯、张永生:《新兴古典经济学和超边际分析》,中国人民大学出版社 2000 年版。

22. [澳]杨小凯:《经济学原理》,中国社会科学出版社 1998 年版。

23. [美]科斯等:《财产权利与制度变迁——产权学派与新制度学派译文集》,上海三联书店 1996 年版。

24. [美]K. J. 阿罗:《经济活动的组织:有关市场选择和非市场分配相关问题》,上海三联书店 1996 年版。

25. [美]斯蒂格利茨:《经济学》,中国人民大学出版社 1997 年版。

26. 亚历山德拉·贝纳姆、李·贝纳姆:《交换成本的测量》,《制度、契约与组织——从新制度经济学角度的透视》,经济科学出版社 2003 年版。

27. [日]富永健:《社会结构与社会变迁》,云南人民出版社 1988 年版。

28. [英]约翰·伊特韦尔等:《新帕尔格雷夫经济学大辞典》,经济科学出版社 1992 年版。

29. [美]E. G. 菲吕伯顿、R. 瑞切特:《新制度经济学》,上海财经大学出版社 1998 年版。

30. [美]康芒斯:《制度经济学:上》,商务印书馆 1987 年版。

31. [美]曼瑟尔·奥尔森:《集体行动的逻辑》,上海人民出版社 1996 年版。

32. [美]道格拉斯·诺斯:《经济运行的历史进程——纪念诺贝尔演讲》,载《诺贝尔奖获奖者演讲文集——经济学奖》,上海人民出版社 1999 年版。

33. [美]道格拉斯·C. 诺斯:《西方世界的兴起》,华夏出版社 1999 年版。

34. [美]道格拉斯·C. 诺斯:《经济史中的结构与变迁》,上海三联书店、上海人民出版社 1994 年版。

35. [美]道格拉斯·C. 诺斯:《制度、制度变迁与经济绩效》,上海三联书店 1994 年版。

36. [美]道格拉斯·C. 诺斯:《制度经济学研究》,经济科学出版社 2003 年版。

37. [美]道格拉斯·C. 诺斯:《对制度的理解》,《制度、契约与组织——从新制度经济学角度的透视》,经济科学出版社 2003 年版。

38. [美]道格拉斯·C. 诺斯:《制度变迁与美国经济增长》,上海三联书店 1976 年版。

39. [美]道格拉斯·C. 诺斯:《制度变迁的理论:概念与原因》,科斯等:《财产权利与制度变迁——产权学派与新制度学派译文集》,上海三联书店 1991 年版。

40. [美]道格拉斯·C. 诺斯:《经济学的一场革命》,《制度、契约与组织——从新制度经济学角度的透视》,经济科学出版社 2003 年版。

41. [美]V. W. 拉坦:《诱致性制度变迁理论》,《财产权利与制度变迁——产权学派与新制度学派译文集》,上海三联书店、上海人民出版社 1994 年版。

42. [美]曼瑟尔·奥尔森:《集体行动的逻辑》,上海三联书店 1995 年版。

43. [美]T. W. 舒尔茨:《制度与人的经济价值的不断提高》,《财产权利与制度变迁——产权学派与新制度学派译文集》,上海三联书店、上海人民出版社 1994 年版。

44. [英]冯·哈耶克:《自由秩序原理》,上海三联书店 1997 年版。

45. [美]道格拉斯·C. 诺斯等:《制度变革的经验研究》,经济科学出版社 2003 年版。

46. [德]格尔哈德·帕普克:《知识、自由与秩序——哈耶克思想论集》,中国社会科学出版社 2001 年版。

47.［美］罗伯特·威廉·福格尔:《道格拉斯·诺斯和经济理论》,《制度经济学研究》,经济科学出版社2003年版。

48.［美］罗纳德·H. 科斯:《制度、契约与组织——从新制度经济学角度的透视》,经济科学出版社2003年版。

49.［英］罗伯特·欧文:《欧文选集》,商务印书馆1979年版。

50.［美］赦思:《非营利组织与民主》,刘军宁等:《市场社会与公共秩序》,上海三联书店1996年版。

51.［南］斯维托扎尔·平乔维奇:《产权经济学》,经济科学出版社2003年版。

52.［澳］杨小凯、黄有光:《专业化与经济组织——一种新型古典微观经济学框架》,经济科学出版社1999年版。

53.［美］罗纳德·I. 麦金农:《经济发展中的货币与资本》,上海三联书店1988年版。

185

54.［美］科斯、哈特、斯蒂格利茨等:《契约经济学》,经济科学出版社2003年版。

55.［德］柯武刚、史漫飞:《制度经济学》,商务印书馆2000年版。

56.［法］亨利·勒帕日:《美国新自由主义经济学》,北京大学出版社1985年版。

57.［美］詹姆斯·布坎南:《自由、市场和国家》,北京经济学院出版社1988年版。

58.［英］鲍勃·杰索普:《治理的兴起及其失败的风险:以经济发展为例的论述》,俞可平:《治理与善治》,社会科学文献出版社2000年版。

59.［冰］思拉恩·埃格特森:《经济行为与制度》,商务印书馆2004年版。

60.［美］丹尼斯·C. 穆勒:《公共选择理论》,中国社会科学出版社1999年版。

61.［美］V. 奥斯特罗姆:《制度分析与发展的反思——问题与抉择》,商务印书馆1992年版。

62.［美］E. G. 菲吕伯顿、R. 瑞切特:《新制度经济学》,上海财经大学出版社 1988 年版。

63.［法］卜凯:《中国农家经济》,商务印书馆 1946 年版。

64.［美］戴维·L. 韦默:《制度设计》,上海财经大学出版社 2004 年版。

65.［英］亚当·斯密:《国民财富的性质和原因的研究》(下册),商务印书馆 1974 年版。

66.［德］福·博依庭:《德国合作社制度的兴衰与发展》,载《中德经济法研究所年刊(1994)》,南京大学出版社 1994 年版。

67.［荷］杰克·J. 弗罗门:《经济演化》,经济科学出版社 2003 年版。

68.［美］约翰·N. 德勒巴克、约翰·奈:《新制度经济学前沿》,经济科学出版社 2003 年版。

三、中文著作类

1. 周其仁:《产权与制度变迁》,社会科学出版社 2002 年版。

2. 白永秀:《我国落后地区农村合作金融组织模式的创新研究》,经济科学出版社 2005 年版。

3. 张宇燕:《经济发展与制度选择——对制度的经济分析》,中国人民大学出版社 1992 年版。

4. 林毅夫:《制度、技术与中国农业发展》,上海三联书店、上海人民出版社 1994 年版。

5. 金祥荣:《转型时期农村制度变迁和创新》,中国农业出版社 2002 年版。

6. 姚洋:《自由、公正和制度变迁》,河南人民出版社 2002 年版。

7. 吴强:《农村金融改革和发展》,中国财政经济出版社 1990 年版。

8. 陈吉元等:《当代中国的村落经济与村落文化》,山西经济出版社 1996 年版。

9. 张晓山、何安耐:《农村金融转型与创新——关于合作基金会的思考》,山西经济出版社 2002 年版。

10. 郭晓鸣、赵昌文:《以农民合作的名义——1986～1999 四川省农村合作基金会存亡里程》,香港中文大学出版社 2000 年版。

11. 徐笑波、邓英淘等:《中国农村金融的变革与发展:1979～1990》,当代中国出版社 1994 年版。

12. 黄宗智:《长江三角洲的小农家庭与农村发展》,中华书局 1992 年版。

13. 石柏林:《凄风苦雨中的民国经济》,河南人民出版社 1993 年版。

14. 中国近代金融史编写组:《中国近代金融史》,中国金融出版社 1985 年版。

15. 周春:《抗日战争时期物价史》,四川大学出版社 1998 年版。

16. 张杰:《中国金融制度的结构与变迁》,山东经济出版社 1981 年版。

17. 郑风田:《制度变迁与中国农民经济行为》,中国农业出版社 2000 年版。

18. 成思危主编:《改革与发展:推进中国的农村金融》,经济科学出版社 2005 年版。

19. 何广文等:《中国农村金融发展与制度变迁》,中国财政经济出版社 2005 年版。

20. 冯开元:《合作制度:变迁与创新研究》,中国农业出版社 2003 年版。

21. 张乐柱:《农村合作金融制度研究》,中国农业出版社 2005 年版。

22. 张元红等:《当代农村金融发展的理论与实践》,江西人民出版社 2002 年版。

23. 马忠富:《中国农村合作金融发展研究》,中国金融出版社 2001 年版。

24. 洪远朋：《合作经济的理论与实践》，复旦大学出版社 1996 年版。

25. 张维迎：《博弈论与信息经济学》，上海三联书店、上海人民出版社 1998 年版。

26. 张贵乐、于左：《合作金融论》，东北财经大学出版社 2001 年版。

27. 李树声：《合作金融》，中国经济出版社 2004 年版。

28. 李树声：《合作金融概论》，吉林人民出版社 1988 年版。

29. 何广文：《合作金融发展模式及运行机制研究》，中国金融出版社 2001 年版。

30. 张功平等：《合作金融概论》，西南财经大学出版社 2000 年版。

31. 丁为民：《西方合作社的制度分析》，经济科学出版社 1998 年版。

32. 汪海粟：《社区合作经济论》，经济科学出版社 1998 年版。

33. 何光等：《中国合作经济概论》，经济科学出版社 1998 年版。

34. 魏道南、张晓山：《中国农村新型合作组织探析》，经济管理出版社 1998 年版。

35. 李恩兹：《合作金融概率》，西南财经大学出版社 1999 年版。

36. 姜旭潮：《中国民间金融研究》，山东人民出版社 1996 年版。

37. 陈晓华、张红宇：《增加农业投入与改善农村金融服务》，中国农业出版社 2005 年版。

38. 曹沛霖：《政府与市场》，浙江人民出版社 1998 年版。

39. 贾根良：《劳动分工、制度变迁与经济发展》，南开大学出版社 1999 年版。

40. 黄胜：《农村股份合作银行论》，西南财经大学出版社 1999 年版。

41. 郭国庆：《现代非营利组织研究》，首都师范大学出版社 2001 年版。

42. 张华:《农村信用社经营与管理》,西南财经大学出版社 1998 年版。

43. 史纪良等:《信用社、合作银行实用全书》,经济日报出版社 1996 年版。

44. 邓毅等:《合作银行概论》,广东高等教育出版社 1997 年版。

45. 孙宝祥:《合作金融概论》,中国金融出版社 1995 年版。

46. 李增刚:《新制度经济学的范围和主题》,《制度经济学研究》,经济科学出版社 2003 年版。

47. 卢现祥:《西方新制度经济学》,中国发展出版社 2003 年版。

48. 韦森:《社会制序的经济分析导论》,上海三联书店 2001 年版。

49. 张静主编:《国家与社会》,浙江人民出版社 1998 年版。

50. 李惠斌、杨雪冬:《社会资本与社会发展》,社会科学文献出版社 2000 年版。

51. 蓝益江:《论信用合作——兼评中国农村信用合作社的发展与改革》,中国金融出版社 1999 年版。

52. 尚华卷、朱德林:《国外非银行金融机构》,人民出版社 1995 年版。

53. 李树声:《农村经济发展与金融市场化研究》,中国金融出版社 1999 年版。

54. 王家传:《农村金融》,山东人民出版社 1994 年版。

55. 吴锦良:《政府改革与第三部门发展》,中国社会科学出版社 2001 年版。

56. 杨春学:《当代西方经济学新词典》,吉林人民出版社 2001 年版。

57. 岳志:《现代合作金融制度研究》,中国金融出版社 2002 年版。

58. 章政:《现代日本农协》,中国农业出版社 1998 年版。

59. 费孝通:《江村经济》,商务印书馆 2001 年版。

189

60. 张晓山:《农村金融转型与创新》,山西经济出版社 2002年版。

61. 林毅夫:《关于制度变迁的经济学理论:诱致性变迁与强制性制度变迁》,《财产权利与制度变迁》,上海三联书店 1991年版。

62. 詹玉荣:《中国农村金融史》,北京农业大学出版社 1989年版。

63. 周霆、邓焕民:《中国农村金融制度创新论(基于三农视角的分析)》,中国财政经济出版社 2005 年版。

64. 张杰:《中国农村金融制度:结构变迁与政策》,中国人民大学出版社 2003 年版。

65. 宋宏谋:《中国农村金融发展问题研究》,山西经济出版社 2004 年版。

66. 陈晓华、张红宇:《增加农业投入与改善农村金融服务》,中国农业出版社 2005 年版。

67. 闫永夫:《中国农村金融业:现象剖析与走向探索》,中国金融出版社 2004 年版。

四、中文论文类

1. 叶兴庆:《论我国农村金融抑制与金融深化》,《当代金融导刊》1998 年第 3 期。

2. 乔海曙:《农村经济发展中的金融约束及解除》,《农业经济问题》2001 年第 1 期。

3. 谢平:《中国农村信用合作社体制改革的争论》,《金融研究》2001 年第 1 期。

4. 高帆:《我国农村中的需求型金融抑制及其解除》,《中国农村经济》2002 年第 12 期。

5. 房德东、王嘉秀、杨秀艳:《试论我国农村领域的金融抑制问题》,《哈尔滨金融高等专科学校学报》2004 年第 9 期。

6. 曹力群:《农村金融体制改革与农户借贷行为研究》,《研究报告》,2000 年。

7. 马晓河、蓝海涛:《当前我国农村金融面临的困境与改革思路》,《中国金融》2003 年第 11 期。

8. 何志雄:《解决农村供给型金融抑制有效途径》,三农数据网 2003 年第 2 期。

9. 潘志刚、许湘平:《合作金融制度效率研究及启示》,《南方金融》2003 年第 1 期。

10. 凌涛:《探索农村金融改革新思路——也谈我国农村信用合作社体制改革的争论》,《金融研究》2001 年第 7 期。

11. 何广文:《把握农村金融需求特点　完善农村金融服务体系》,《中国金融》2003 年第 11 期。

12. 温铁军:《深化农村金融体制改革如何破题》,中国金融网 2004 年第 8 期。

13. 程漱兰:《农村金融体系设计别忘了农民才是主角》,《经济学消息报》1997 年第 7 期。

14. 何广文、冯兴元、李莉莉:《论农村信用社制度创新模式与路径选择》,《中国农村信用合作》2003 年第 8 期。

15. 秦汉锋、阮红新:《论农村信用合作社的制度冲突、制度绩效和制度演进方向》,《当代财经》2002 年第 8 期。

16. 王邦佐、谢岳:《社会整合:21 世纪中国共产党的政治使命》,《新华文摘》2001 年第 11 期。

17. 唐仁健:《农村金融体制应从基本面展开》,《中国经济时报》2003 年第 20 期。

18. 孙立平:《改革前后中国大陆国家、民间统治精英及民众间互动关系的演变》,《中国社会科学季刊》1994 年第 1 期。

19. 党国英:《如何理清农村信用社产权改革方向?》,博客中国网 2004 年 7 月 11 日。

20. 曾康霖:《我国农村金融模式的选择》,《金融研究》2001 年第 10 期。

21. 张文魁：《非公有制经济的现状》，《中国经济时报》2004 年 4 月 22 日。

22. 张杰：《中国金融改革的检讨与进一步改革的途径》，《经济研究》1995 年第 5 期。

23. 马忠富：《农村信用合作社改革成本及制度创新》，《金融研究》2001 年第 4 期。

24. 赵革、孟耀：《试论我国农村信用社合作体制的改造和发展》，《东北财经大学学报》2001 年第 6 期。

25. 文贯中：《农村金融改革能走多远?》，《21 世纪经济报道》2004 年 8 月 29 日。

26. 周业安：《中国制度变迁的演进论解释》，《经济研究》2000 年第 5 期。

192

27. 田国强：《现代经济学的基本分析框架与研究方法》，http://web. cenet. org. cn/。

28. 卢现祥：《论制度变迁中的四大问题》，《湖北经济学院学报》2003 年第 7 期。

29. 姜长云：《农业结构调整的金融支持研究》，《经济研究参考》2004 年第 3 期。

30. 何田：《地下经济与管制效率：民间信用合法性问题研究》，《金融研究》2002 年第 11 期。

31. 张建军等：《从民间借贷到民营金融：产业组织与交易规则》，《金融研究》2002 年第 10 期。

32. 江春：《我国民间信用中的产权问题》，《经济科学》1998 年第 1 期。

33. 张军：《改革后中国农村的非正规金融部门：温州案例》，《中国社会科学季刊》1997 年秋季刊。

34. 张建军等：《从民间借贷到民营金融：产业组织与交易规则》，《金融研究》2002 年第 10 期。

35. 郭沛：《中国农村非正规金融规模估算》，《中国农村观察》2004 年第 2 期。

36. 杜朝运、许文彬:《制度变迁背景下非正规金融成因及出路初探》,《福建论坛》(经济社会版)1999 年第 3 期。

37. 吴国宝:《扶贫贴息贷款政策讨论》,《中国农村观察》1997 年第 4 期。

38. 张杰:《解读中国农贷制度》,《金融研究》2004 年第 2 期。

39. 温铁军:《农户信用与民间借贷研究——农户信用与民间借贷课题主报告》,中经网 2001 年 7 月。

40. 陈希敏:《经济落后地区农户金融合作意愿的实证研究》,《中国软科学》2006 年第 3 期。

41. 阎庆民、向恒:《农村合作金融产权制度改革研究》,《金融研究》2001 年第 7 期。

42. 陈峰:《多元化制度安排:我国农村信用社体制选择》,《集美大学学报》(哲学社会科学版)2004 年第 3 期。

43. 汪今朝:《农村信用合作社体制改革应走多元化之路》,《金融教学与研究》2002 年第 2 期。

44. 陆磊:《以行政资源和市场资源重塑三层次农村金融服务体系》,《金融研究》2003 年第 6 期。

45. 冯兴元:《农村金融不能靠一条腿走路,需多元化发展》,中国金融网 2004 年 10 月 13 日。

46. 王家传等:《农村信用社改革是发展问题研究》,《金融研究》2001 年第 8 期。

47. 姜长云:《从乡镇企业融资看农村金融改革》,《经济学家》2002 年第 8 期。

48. 杨瑞龙:《我国制度变迁方式转换的三阶段论——兼论地方政府的制度创新行为》,《经济研究》1998 年第 1 期。

49. 钱益文:《中国合作运动的导师薛仙舟》,《当代金融家》2005 年第 6 期。

50. 白越平、于永:《20 世纪 30 年代农村金融救济量的考察》,《内蒙古师范大学学报》(哲学社会科学版)2002 年第 2 期。

51. 黄立人:《抗战时期国统区的农贷》,《近代史研究》1997 年第 6 期。

52. 傅宏:《民国时期农村合作运动述评》,《徐州师范大学学报(社科版)》2000 年第 12 期。

53. 罗正纲:《中国农村合作运动的自主路线》,《新中华杂志》1937 年第 13 期。

54. 李莹星、汪三贵:《农村信用社缘何热衷转贷》,《调研世界》2005 年第 1 期。

55. 易宪容:《农村信用社改革:花钱能否买到机制?》,中国经济网 2005 年 1 月 19 日。

56. 陈剑波:《当前农村信用社改革的几个问题》,《中国经济时报》2003 年第 3 期。

57. 王君:《中国农村信用社改革须激励兼容》,中国金融网 2004 年 10 月 12 日。

58. 陆磊:《以行政资源和市场资源重塑三层次农村金融服务体系》,《金融研究》2003 年第 6 期。

59. 沈明高:《省级信用联社的垄断是在酝酿道德风险》,中国金融网 2004 年 10 月 14 日。

60. 易宪容:《农村信用社改革:花钱能否买到机制?》,中国经济网 2005 年 1 月 19 日。

61. 李芸、汪三贵:《我国农村金融机构经营状况与制度创新》,《农业经济问题》2002 年第 7 期。

62. 章奇:《中国农村金融现状与政策分析》,北京大学中国经济研究中心工作论文,2003 年。

63. 张云华:《关于农村金融体制改革中农村信用社改革的思考》,经济学家网。

64. 唐成:《中国的政策性金融和邮政储蓄的关系研究》,《经济研究》2002 年第 11 期。

65. 雷和平、林之诠:《对陕西部分地区金融生态环境的调查》,《金融时报》2005 年第 4 期。

66. 章政远、祁斌昌：《农村金融生态环境建设的矛盾和对策》，中国合作金融网2005年6月15日。

67. 何广文等：《农村金融服务供求现状、问题及对策建议》，《农业部中国农业和农村经济结构战略性调整课题》，2002年8月10日。

68. 黎霆、姜业庆：《农村金融，到了最饥渴的时候》，《中国经济时报》2002年8月20日。

69. 徐诺金：《论我国的金融生态问题》，《金融研究》2005年第2期。

70. 黄仁祥等：《非正式制度安排、技术约束下的农村信用合作社发展问题：抚州个案研究与一般结论》，《金融研究》2001年第1期。

71. 刘俊：《基层农村信用合作社若干问题的实证研究》，《武汉金融》2000年第9期。

72. 盛勇炜：《城市性还是农村性：农村信用合作社的运行特征和改革的理性选择》，《金融研究》2001年第5期。

73. 郑良芳：《借鉴国外发展合作金融经验重振我国合作金融》，《青海金融》2000年第2期。

74. 郑良芳：《对我国信用社体制改革争议的看法与建议》，《金融理论与实践》2002年第2期。

75. 杨智勇：《合作金融理论的完善与发展》，《浙江金融》2000年第10期。

76. 彭川西等：《对我国农村金融问题的现实思考》，《金融研究》2001年第1期。

77. 王耀宗、李志冀：《谈妨碍我国农村信用社发展的几个问题》，《福建金融干部管理学院学报》2001年第1期。

78. 冯文丽、文宝清：《美日农业保险模式比较及我国选择》，《中国金融》2002年第12期。

79. 吴永红、郭晓鸣：《中国农村合作金融的发展与选择》，《中国农村经济》2001年第10期。

195

80. 于洋:《国外合作金融制度与我国合作金融改革》,《经济论坛》1996 年第 22 期。

81. 广东省农金改办:《我国信用合作事业的实践探索和经验总结》,《广东金融》1997 年第 6 期。

82. 黄福宁:《优化农村金融生态环境的几点思考》,经济学家网 2005 年 7 月 25 日。

83. 匡远配、李瑞芬:《合作制与我国农村信用社的改革研究》,《北京农学院学报》2004 年第 4 期。

84. 冯法和编:《中国农村经济资料》,《黎民书店出版》续编 20 章 6 节。

85. 陕甘宁边区政府建设厅、边区银行:《关于信用合作社问题材料给贺龙、陈云同志的报告》,1944 年 10 月 14 日。

86. 中共西北局调查研究室:《南区合作社办理信用合作的经验》,1944 年。

87.《关中专署租息问题初步研究》,1943 年 2 月 13 日。

88. 黎以宁:《延安县姚店子一带"请会"零星调查材料》,1943 年。

89. 陕甘宁边区政府建设厅、边区银行:《边区信用合作的检讨》,1945 年 12 月。

90. 肖长浩:《介绍边区的信用合作社》,《解放日报》1945 年 7 月 1 日。

91.《延安信用合作社总结陕甘宁边区合作社联席会议参考材料之五》,1944 年 6 月。

92.《陕甘宁边区合作社联系会议决议》,1944 年 7 月 7 日。

93. 高自立:《合作社联席会议总结报告》,1944 年 7 月。

94. 高岗:《合作社要为群众办事,在西北局招待合作社主任大会上的讲话》,《解放日报》1944 年 7 月 2 日。

95.《沟门信用合作社调查》,1944 年 2 月。

96. 陕甘宁边区财政经济史编写组:《抗日战争时期陕甘宁边区

财政经济史料摘编（第七辑）》,陕西人民出版社 1979 年版。

97. 刘宛晨、段泽宇:《完善农村资金互助社以满足农户信贷需求》,《财经理论与实践》2008 年第 5 期。

98. 王彬:《中国合作金融功能异化与重构》,《华东理工大学学报（社会科学版）》2008 年第 2 期。

99. 周立:《农村金融市场四大问题及其演化逻辑》,《财贸经济》2007 年第 2 期。

100. 孙立明:《关于发展新型农民资金互助合作组织的研究》,吉林大学硕士论文,2006 年。

101. 贾林州:《贺村农民资金互助合作金融组织调查》,三农网 2006 年 9 月 21 日。

102. 孙开功:《大力发展农村互助金融组织》,《科技致富向导》2009 年第 8 期。

197

103. 温铁军、姜柏林:《把合作金融还给农民——重构服务三农的农村金融体系的建议》,《农村金融研究》2007 年第 1 期。

104. 姜柏林:《关于梨树县百信农民合作社的调查报告》,中国农村研究网 2005 年 11 月 3 日。

105. 姜柏林:《农村资金互助社融资难题待解》,《银行家》2008 年第 5 期。

106. 范晓林:《农民资金互助合作组织的发展现状及存在问题——以吉林省梨树县闫家村百信资金互助社为例》,《财经界》2007 年第 9 期。

107. 徐元明:《加强引导,促进农民资金互助社健康发展——盐城市三个农民资金互助社的调查与思考》,《财政金融》2007 年第 11 期。

108. 王曙光:《首家农民资金互助合作社考察》,《农村金融》2008 年第 7 期。

109. 何广文:《农村资金互助合作机制及其绩效阐释》,《金融理论与实践》2007 年第 4 期。